国家级职业教育规划教材
全国技工院校市场营销专业教材（中级技能层级）
全国中等职业学校市场营销专业教材

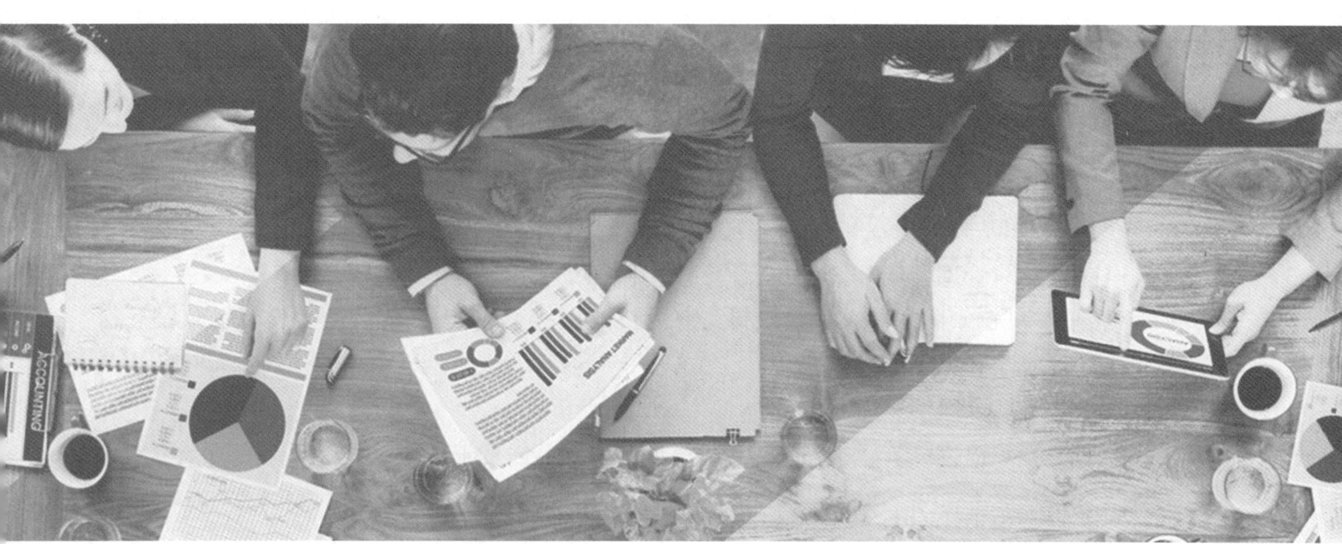

MARKETING

店铺经营与管理

王翎　主编

中国劳动社会保障出版社

简　介

本教材根据市场营销专业岗位需求编写，具体内容包括：店铺开发与设计、店铺采购仓储管理、店铺经营、店铺安全与防损管理、店铺客户管理和店铺员工管理。教材设有不同类型的习题，方便学生进行课后练习，巩固所学知识。

本教材由王翎主编。

图书在版编目（CIP）数据

店铺经营与管理 / 王翎主编. --北京：中国劳动社会保障出版社，2020

全国技工院校市场营销专业教材. 中级技能层级　全国中等职业学校市场营销专业教材

ISBN 978-7-5167-4290-7

Ⅰ.①店…　Ⅱ.①王…　Ⅲ.①商店－商业经营－中等专业学校－教材　Ⅳ.①F717

中国版本图书馆 CIP 数据核字（2020）第 031602 号

中国劳动社会保障出版社出版发行

（北京市惠新东街 1 号　邮政编码：100029）

*

北京市鑫霸印务有限公司印刷装订　　新华书店经销

787 毫米 ×1092 毫米　16 开本　8.5 印张　132 千字

2020 年 3 月第 1 版　　2025 年 7 月第 3 次印刷

定价：19.00 元

营销中心电话：400-606-6496

出版社网址：http://www.class.com.cn

http://jg.class.com.cn

前言

全国中等职业技术学校市场营销专业教材自出版以来，在学校教学中发挥了重要作用。近年来，随着经济的发展，我国市场营销环境也发生了巨大的变化，这对市场营销从业人员的职业素养和知识、技能水平都提出了更高的要求。为适应这一变化，满足学校培养人才的需求，我们组织了一批骨干教师与行业、企业专家，在充分调研的基础上，对现有教材进行了修订。

本次教材修订工作的重点主要体现在以下几个方面：

第一，完善了教材体系。根据目前职业院校市场营销专业的教学实际，将《店铺陈列》《店铺促销》《连锁经营与管理》等教材整合为《店铺经营与管理》，增加了《市场调查》教材。调整后，整套教材体系更加科学、完善，也更便于教学。

第二，更新了教材内容。针对市场营销专业的现状和发展趋势以及企业的岗位需求，调整、补充和更新了相关教材的结构和内容，使教材更具时代感和前瞻性。增加了实践性教学内容的比重，在主要技能课教材中加入实训项目，并配以详细的操作指导，以引导学生运用所学知识分析和解决实际问题。

第三，改进了教材表现形式。针对学生的认知规律，在教材编写上尽可能多地以图表代替冗长的文字叙述，使教材更加生动，易于学习。同时，对上一版教材的栏目设置进行了整合、优化，使其脉络更加清晰，提高了教材的可读性和实用性。

第四，加强了教材配套资源建设。在修订教材的同时，修订了配套习题册和电子课件。电子课件及习题答案可通过职业教育教学资源和数字学习中心

（http：//jg.class.com.cn）免费下载。在部分教材中使用了二维码技术，针对教材中的教学重点和难点制作了案例文本、演示视频等多媒体素材，学生使用移动终端扫描二维码即可在线观看相应内容。

本套教材的编写得到了有关学校的大力支持，教材编审人员做了大量的工作，在此我们表示衷心的感谢！同时，恳切希望广大读者对教材提出宝贵的意见和建议。

人力资源社会保障部教材办公室

目录

模块一　店铺开发与设计

开店需要确定业态和经营规模，选择开店位置，进行门店外部设计以及安排内部布局。门店位置会影响客流量，门店外部设计有无特色决定了对顾客的吸引程度，合理的门店内部布局则会促进销售。因此，做好店铺的开发与设计是店铺经营与管理的首要任务。

学习目标

1．掌握店铺开发与设计的方法和流程。

2．掌握店铺业态选择、开展商圈调研、选定地址、进行店铺外部设计和内部布局的关键点。

课题1　店铺开发流程

店铺如果不按照科学的方法和流程进行开发，会给以后的经营带来许多不利。通常，店铺按照业态选择→商圈调查→商圈分析→地址选定的流程进行开发。

一、商业业态的概念

商业业态是指针对特定消费者的特定需要，按照一定的战略目标，有选择地运用商品经营结构、店铺位置、店铺规模、店铺形态、价格政策、销售方式、销售服务等经营手段，提供销售和服务的类型化经营形态。

二、商业业态的类型与特征

1. 百货店

百货店是指在一个大建筑物内，根据不同商品设销售区，开展进货、管理、运营，满足顾客对商品多样化选择需求的零售业态。

百货店业态的特征：

（1）选址一般在城市繁华区及交通要道处。

（2）店铺规模大，营业面积在 5 000 平方米以上。

（3）商品结构以男装、女装、童装、饰品、家庭用品为主，种类齐全、少批量、高毛利。

（4）店铺设施豪华，店堂典雅、宽敞、明亮。

（5）采取柜台销售与自选（开架）销售相结合的方式。

（6）采取定价销售，可以退货。

（7）服务功能齐全。

2. 超级市场

超级市场是指采取自选销售方式，以销售生鲜食品、副食品和生活用品为主，满足顾客每日生活需求的零售业态。

超级市场业态的特征：

（1）选址一般在住宅区、交通要道处、商业区。

（2）以居民为主要销售对象。

（3）店铺营业面积在1 000平方米左右。

（4）商品结构以购买频率高的商品为主。

（5）采取自选销售方式，出入口分设，结算由设在出口处的收银机统一进行。

（6）营业时间每天不低于11小时。

（7）有一定面积的停车场地。

3. 大型综合超市

大型综合超市是指采取自选销售方式，以销售大众化实用品为主，满足顾客一次性购物需求的零售业态。

大型综合超市业态的特征：

（1）选址一般在城乡接合部、住宅区、交通要道处。

（2）店铺营业面积在2 500平方米以上。

（3）商品结构以服装、食品和日用品为主，重视本企业的品牌开发。

（4）采取自选销售方式。

（5）设与店铺营业面积相适应的停车场。

4. 便利店

便利店是指以满足顾客便利性购物需求为主要目的的零售业态。

便利店业态的特征：

（1）选址一般在住宅区、主干线公路边，以及车站、医院、娱乐场所、机关、团体、企事业单位所在地。

（2）店铺营业面积在100平方米左右，营业面积利用率高。

（3）居民徒步 5 ~ 7 分钟到达，80% 的顾客为有目的的购物。

（4）商品结构以速成食品、饮料、小百货为主，有即时消费性、小容量、应急性等特点。

（5）营业时间长，一般在 10小时以上，甚至 24 小时，终年无休。

（6）销售方式以开架自选为主，结算在收银机处统一进行。

5. 购物中心

购物中心是指企业有计划地开发、管理、运营的各类零售业态、服务设施的集合体。

购物中心业态的特征：

（1）由发起者有计划地开设、布局、统一规划，店铺独立经营。

（2）选址一般在中心商业区或城乡接合部的交通要道处。

（3）内部结构由百货店或超级市场作为核心店，与各类专业店、品牌专卖店、快餐店等组合构成。

（4）设施豪华，店堂典雅、宽敞、明亮，实行卖场租赁制。

（5）核心店的面积一般不超过购物中心面积的 80%。

（6）服务功能齐全，集零售、餐饮、娱乐为一体。

（7）根据销售面积设相应规模的停车场。

6. 仓储式商场

仓储式商场是指以经营生活资料为主的，储销一体、低价销售、提供有限服务的零售业态（有的采取会员制形式，只为会员服务）。

仓储式商场业态的特征：

（1）选址一般在城乡接合部及交通要道处。

（2）店铺营业面积大，一般为 10 000 平方米左右。

（3）目标顾客以中小型零售商、餐饮店、集团购买和有交通工具的消费者为主。

（4）商品结构以食品（有一部分生鲜商品）、家庭用品、体育用品、服装、文具、家用电器、汽车用品、室内用品等为主。

（5）店铺设施简朴、实用。

（6）采取仓储式陈列。

（7）采取自选销售方式。

（8）设有较大规模的停车场。

三、商业业态的选择

店铺选择商业业态前需要做环境分析。

1. 宏观环境分析

主要包括：国内经济形势和行业发展现状，未来几年影响行业发展的宏观因素，未来几年影响行业发展的国际环境分析等。

2. 地区行业概况分析

主要包括：地区的商业运行特点、整体发展状况和趋势、商业网点布局及规模、各种零售业态的优势及劣势比较等。

3. 地区市场需求情况调查和预测

主要包括：地区人口数量、人口结构、收入水平等情况的调查和预测。

4. 竞争状况调查分析

主要包括：竞争对手有哪些，各处于什么状态？周围的消费者有哪些，这些消费者具有怎样的特征？

四、商圈的概念、类别及特征

1. 商圈的概念和类别

商圈是指以店铺所在地点为中心，沿着一定的方向和距离扩展的、能吸引顾客的范围。商圈由核心商圈、次级商圈和边缘商圈构成。

核心商圈是离店铺最近、顾客密度最高的地方，一般占据该经济区域顾客总数的 50% ~ 80%，每个顾客的平均购买额也最高。

次级商圈是指位于核心商圈外围的商圈，辐射半径范围一般在 3 ~ 5 千米。次级商圈能吸引该经济区域 15% ~ 25% 的顾客。本商圈内顾客较为分散。

边缘商圈处于商圈的最外缘，能吸引该经济区域 5% ~ 10% 的顾客。边缘商圈拥有的顾客最少，且最为分散。

2. 商圈的特征

（1）商业活动频率高的地区

闹市区商业活动极为频繁，把店铺设在这样的地区，其营业额必然高于其他区域。相反，如果在客流量较小的地方设店，提高营业额难度就会增加。

（2）人口密度高的地区

居民聚居、人口集中的地方适宜开设店铺。此处店铺收入稳定性较高。

（3）交通便利的地区

如公交车站、地铁站附近。

（4）人们聚集多的场所

如电影院、公园、游乐场等娱乐场所，或者工厂、写字楼附近。

（5）同类商店聚集的街区

从顾客的角度来看，同类店面众多表示货品齐全，可比较参考，选择余地也较大。许多城市已形成了专业街，如在广州买服装要去北京路，买电器要去海印广场等。许多顾客为了货比三家，往往不惜跑远路也要到专业街购物。

五、商圈调查

1. 商圈调查的作用

（1）帮助经营者明确哪些是基本顾客群、哪些是潜在顾客群，力求在保持基本顾客群的同时着力吸引潜在顾客群。

（2）帮助经营者明确商圈范围，了解商圈内消费分布状况及市场，便于评估经营效益，衡量店址的使用价值，选出适宜的地点，使商圈、店址、经营条件协调融合，创造经营优势。

（3）使经营者了解店铺位置的优劣及顾客的需求与偏好，调整商品组合。

2. 商圈调查的流程

商圈调查的流程包括确定商圈范围、实地调查商圈和分析商圈优缺点。

（1）确定商圈范围

以店铺为中心、1～2 千米为半径画一个圆，作为店铺所处的商圈。对于设有停车场的大型店铺，商圈范围可以将半径延伸到 4 千米；如果店铺在地铁附近，则商圈范围可以延伸得更广。

（2）实地调查商圈

商圈确定以后，需要进行商圈实地调查，详细统计和分析商圈内的人口特征、住宅特点、集会场所、交通和人流状况、消费者消费倾向、同类店铺的分布。

对于交通和人流状况、消费者消费倾向采用抽样调查的方法，即在商圈内设置几个抽样点进行抽样统计。抽样统计时可将一周分为三个时间段（周一至周五为一个时间段，周六为一个时间段，周日和节假日为一个时间段），每日调查时间从早晨 7 点至午夜 12 点，每两个小时为一个单位，计算通过的人流数、汽车数和自行车数，人流数还要进一步按照目标顾客群体分类。

（3）分析商圈的优缺点

依据调查的数据对商圈的优缺点进行评估，并预计店铺营业后的收入和支出，对可能净利进行分析。

商圈购买力可以用以下公式进行预测：

购买力预测 = 顾客数 × 购买金额

顾客数 =（家庭数 + 流动人口数）× 支持率 × 日光顾率

购买金额 = 所售商品的平均单价 × 顾客平均购买件数

在预定的商圈中选择可以开店的位置，排列出商圈带来效益的大小，找出最佳位置作为店铺地址。

六、店铺选址注意事项

1. 要根据店铺的经营定位选址

选择店铺位置之前，首先要明确店铺的经营范围和经营定位，其次要考虑店铺的目标消费群体。简单来说，店铺要选择开设在能够接近较多目标消费群体的地方。

2. 要尽量避免选在受交通管制的街道

很多城市为了便于交通管理，会在一些主要街道设置交通管制，如单向通行、限制车辆种类、限制通行时间等。店铺选址应该避开这些地方，也尽量不要在道路中间设有隔离栏的街道开店，因为这样会限制对面的人流过来。交通方便是选择店铺地址的条件之一，店铺附近最好有公交车、地铁站点和出租车停靠点等。另外，店铺门前应该有便于停放车辆的停车场或空地，这样更方便顾客购物。

3. 要选择居民聚集的地区，不要在居民较少且居民数量增长较慢的地区开店

人气旺盛的地区有利于开设店铺，如超市、便利店、干洗店等。在新建地区开店可以货卖独家，但如果居民较少，又缺乏流动人口，店铺则很难支撑日常运营。

4. 要事先了解店铺近期是否有被拆迁的可能，房屋是否存在产权上的纠纷或其他问题

开设店铺首先要了解和调查当地城市规划情况，避免在容易拆迁的危险地区开设店铺。在租赁房屋时，还要调查了解该房屋的使用情况，如建筑质量、房屋业主是否拥有产权或是否有其他债务上的纠纷等，避免给自己带来不必要的经济损失。

5. 要注意店铺所在街道的特点和街道客流的方向与分类

街道会因为交通条件、历史文化、所处位置等因素影响而形成自己的特点，店铺风格应尽量与街道风格相融合。开设店铺时要选择两端交通通畅、往来车辆人流较多的街道。店铺的朝向也十分重要，店铺门面要尽量宽阔，朝东要注意冬季避风，朝西要注意夏季遮阳等。同一条街道的两侧，由于行人的走向习惯不同，客流量也不尽相同。要细心观察客流的方向，在较多客流的一侧选址。长途汽车站、火车站和城市的交通主干道，虽然人流量很大，但客流速度较快，很多人目的不是购物，滞留时间较短，在这些地方开店，要根据自己的经营需要慎重选择。

6. 要选择同类店铺比较聚集的街区，或者选择适合店铺的专业市场

“货比三家”是很多人经常采取的购物方式。选择同类店铺集中的街区更容易招揽到较多的目标消费群体，不要担心竞争激烈，相关店铺聚集有助于提高相同目标消费群的关注，如电子商品市场、花卉市场、建材市场等。需要注意的是，选择专业市场开店时，要考察市场的管理水平、规模大小、在当地的影响力等因素，对规模较小、开业时间较短、管理水平差的市场，要谨慎入驻。

典型案例

屈臣氏的店铺选址

屈臣氏个人护理用品商店（以下简称屈臣氏）从 1989 年开店至今已覆盖国内 110 多个城市。屈臣氏成功的第一步始于店铺的选址。

屈臣氏选址一般要达到以下要求：

1. 人流量集中的商业街道、办公楼。

2. 居住人口数量较大的社区。

3. 大型百货商店、超大型卖场、大型商业中心。

4. 中心城市的地铁沿线。

5. 在肯德基、麦当劳等具有共同目标消费群的商圈附近。

屈臣氏的店铺选址策略只有一个，那就是紧跟目标消费群。屈臣氏的目标消费者是18至35岁的优质女性消费者，店铺的选址从“目标消费群密度”“捕捉率”“租金成本”这三个关键的指标去考量。

通常，目标消费者有效数量＝目标消费群密度 × 捕捉率。一般情况下，屈臣氏的捕捉率预估会在8%到10%之间，通过这个可以计算出店铺的预计销售额。例如在某一店铺的门口，从上午10：00到晚上10：00，经过的目标消费群有10 000个人，那么按捕捉率8%计算，店铺预计能够捕捉到800个有效消费者，按屈臣氏店铺平均客单价50元计算，该店铺平均每天的销售额可达40 000元。

结合店铺是否靠近街道的情况，屈臣氏将店铺分为街铺店和非街铺店。对于街铺店，最好选在1楼，且有独立的进出口，如果位置很好可考虑2楼，但在临主干道的位置上必须有独立、便捷的进出通道。临主干道是人流汇集点，可视性好，有较好的招牌广告位，形象展示效果好。对于非街铺店，必须选在人流量较大的主要通道上，同时在进出口的位置上必须有非常明显的广告标识。

综合练习

一、判断题

1. 商业业态是指商业提供销售和服务的类型化经营形态。（　　）
2. 百货店是商业的早期形态，购物中心是商业的新形态。（　　）
3. 人口多、客流量大的地方一定是一个好店址。（　　）
4. 同类商店多的地方店铺没有盈利的机会。（　　）
5. 商圈调查是店铺选址的依据。（　　）

二、问答题

1. 商业业态的类型与特征是什么？
2. 商圈的特征是什么？
3. 商圈调查的内容是什么？

三、实训题

请同学模拟组建一个社区便利店的门店开发项目团队，选择周围某区域作为便利店开店的目标区域，围绕区域环境进行商圈调查，分析调查结果后确定社区便利店开店地址，最后将调查分析的情况以 PPT 形式展示。

课题 2　店铺外部设计

店铺外部设计又称外观设计，店铺的外观是店铺形象的重要组成部分。好的店铺外观设计可以吸引顾客注意，激发顾客的消费欲望。别具一格的店名好记易认，与众不同的招牌可以给人留下深刻的印象，橱窗是店铺对外的窗口，店门的设计体现了店铺的特点。

一、店铺外观构成

店铺的外观主要由招牌、橱窗和店门构成。

1. 招牌

招牌是店铺店标、店名、造型物及其他广告宣传的载体，它以文字、图形或立体造型表明店铺名称、经营范围、经营宗旨、营业时间等重要信息。

招牌是店铺外观最具代表性的装饰。随着时代的发展，招牌的种类越来越多，如屋顶招牌、栏架招牌、翼招牌、活动招牌、壁上招牌等。招牌的设计要遵循“四易”原则——易见、易读、易明、易记，缺少其中任意一项，招牌的宣传效果都会减弱。

2. 橱窗

橱窗是店铺对外宣传的重要窗口，现代化店铺特别强调橱窗的展示功能。对于半开放型或开放型的店铺来说，橱窗是最具艺术性的结构，有着其他装饰所无法代替的功能。

（1）作为店铺外观的一部分，橱窗可以以特殊的造型设计吸引行人的注意，增加顾客光临店铺的概率，并刺激其消费欲望。

（2）橱窗可以展示店铺的经营方式，陈列主要销售商品或新推出的商品。

（3）橱窗可以指导流行趋势，引导消费潮流。

3. 店门

店门的大小取决于店铺的开放程度。店铺按照开放程度可分为开放型店铺、半开放型店铺和封闭型店铺三种形式。开放型店铺的店门相对较大，封闭型店铺的店门相对较小。店门的大小主要由店铺入口的通行量和外界对店内的干扰情况决定。对于出售日常需求量大、顾客购买次数多或价格低廉的商品的店铺，如日用杂货店等，店门应适当大些；对于出售耐用消费品、单价高的商品或顾客购买逗留时间长、频率却不高的店铺，店门可以适当小些。

二、店铺外观设计原则

1. 要符合行业特点，外观风格最好能体现店铺的经营特色。

2. 要符合主要顾客群体的喜好。

3. 要充分考虑与原建筑风格及周围店面的协调，不显“另类”和“粗俗”。

4. 要简洁，宁可“不足”，不能“过分”，不宜采取过多的线条分割和色彩渲染。

5. 店面的色彩要统一协调，一般不宜采用生硬的、强烈的对比。

6. 店外的音箱、布告板、宣传栏等要遵守有关交通法规或城市管理条例。

三、店铺外观设计流程

1. 设计店名

店铺起个响亮的名字，不仅能吸引顾客，还有助于提高店铺的知名度。店名的创意类型有“傍名人”型（如卖卤制品的店铺名为“卤至深”）、“语出惊人”型（如卖茶叶的店铺名为“井茶局”）、“弥补不足”型（如在角落里的一家很小的店铺名为“这里有家店”）、“直抒胸臆”型（如卖面的店铺名为“家有好面”）等。

2. 设计招牌

设计招牌时，招牌上的店名、经营范围、商品、商标等文字内容应准确，招牌上的字体大小要适宜，字形、图案、造型要与店铺的经营内容和形象相匹配，招牌的色彩要符合时代潮流。夜间经营的店铺，招牌应配灯光或霓虹灯设备。同时，在制作招牌时，应当以顾客最容易看见的角度来安置招牌，并以顾客的视角来决定招牌的大小和高低。

3. 设计橱窗

在现代商业活动中，橱窗既是一种重要的广告形式，又是装饰店铺的重要手段。一个构思新颖、主题鲜明、风格独特、装饰美观、色调和谐的店铺橱窗，与整个店铺建筑结构和内外环境构成的立体画面，能起到美化店铺和市容的作用。

橱窗的形式设计要根据店铺的位置、经营项目和营业场所的大小而定，一般有三种形式：一种是左边一个或右边一个，一种是左右各一个，还有一种是左右和中间共三个。

橱窗设计应该注意以下几方面的问题：

（1）橱窗横向中心线最好能与顾客的视平线一致，保证橱窗内陈列的商品都在顾客的视野范围内。

（2）橱窗设计时，必须考虑防尘、防热、防淋、防晒、防风、防盗等，要采取有针对性的措施。

（3）橱窗不能影响店铺外观造型，其规模应与店铺整体规模相适应。

（4）陈列在橱窗内的商品必须是本店出售的，而且是最畅销或最新潮的。

（5）橱窗陈列季节性商品必须在季节到来之前一个月预先陈列出来，这样才能起到应季宣传的作用。

（6）橱窗在进行商品陈列前应先确定主题，无论是多品种多类或是同品种不同类的商品，均应系统地分品种、分类依主题陈列，明确宣传内容，千万不可乱堆乱摆，分散顾客注意力。

（7）橱窗陈列时，容易液化变质的商品（如糖果）和长时间日晒容易损坏的商品最好用模型代替。

（8）橱窗要保持清洁，陈列商品需要勤更换，尤其是当宣传有时间性或陈列商品容易变质时更要注意。

4. 设计店门

店门是店铺为顾客设计的出入口。店铺常常通过特别的店门外观设计来吸引人们的视线，激发顾客进店购物的欲望。

设计店门时要注意两个方面：

（1）店门位置的选择

店门安置在中间还是左边或右边，需要根据具体人流量情况而定。一般大型商场店门可以安置在中间；小型商店店堂狭小，店门如果安置在中间可能会影响店内实际使用面积和顾客的自由流通，因此小型商店的店门通常设在左侧或右侧。

（2）店门外廊的设计

店门一般选择开放型外廊，店门外廊一般不宜让顾客感到幽闭、阴暗，打击顾客进店的积极性。

知识拓展

店铺外观设计的趋势

在城市中，都市化的时尚和设计元素越来越被顾客所重视，这些都反映在店铺的外观设计发展趋势上。

一、设计越来越多元化

综合性大型商业中心的内外环境设计向着集购物、娱乐、餐饮、休息等多功能一体化的方向发展，以满足顾客多层次、多方位的需求。由于商业环境越来越规范化和多元化，商品经营种类越来越丰富，店铺的设计也要尽可能简洁，以方便顾客挑选商品。

二、环保意识、文化情怀越来越重要

随着人们环保意识的觉醒和对传统文化的重视，顾客在进行消费时也会体现出向往自然、回归传统的倾向。部分零售商会打破环境内外空间的界限，将大自然的生态环境引入自身店铺。越来越多的具有民族传统特色的老字号店铺或餐馆应运而生。

三、独特的个性化和整体的艺术性并存

年轻的消费力量逐渐崛起，他们看重个性化和艺术性，同时追随各类时尚潮流。这些都被越来越多的商家视为获利的“法宝”。

典型案例

肯德基的门店外部设计

肯德基的标识是一个和蔼可亲的老人，面带笑容，黑色的眼睛，花白的胡须，黑色的蝶形领结，红色的围裙，这个老人的原型就是肯德基品牌的创造者哈兰德·桑德斯上校。老人的笑容似乎在告诉每位顾客，肯德基的食物美味、安全、健康。红色的围裙代表着肯德基品牌家乡风味的烹调传统。用人物作为标识图案展示了清晰的视觉力结构，准确地传达了独特的企业形象。从色彩方面来说，肯德基标识中红色、黑色、白色的色彩搭配非常有视觉冲击力，不仅具有艺术性，而且强调时代的鲜明性。色彩是肯德基标识成功的重要因素之一。

肯德基连锁店的橱窗以落地大窗玻璃为主，整个空间十分通透。橱窗都有统一的大横幅和醒目的海报，海报内容都是关于新商品、促销方式、节日优惠等。

综合练习

一、判断题

1. 店铺外观主要由三个方面组成，即招牌、橱窗和店门。（　　）
2. 店门是店铺的“眼睛”，集中了店铺中最敏感的信息。（　　）
3. 陈列在橱窗内的商品可任意挑选，没有要求。（　　）

4. 橱窗有向顾客提供新商品信息的功能。（　）

5. 开放度大的店铺，其优点是顾客方便进出，从而可以提高顾客的购买频率和速度。（　）

二、问答题

1. 招牌设计要遵循的原则是什么?

2. 橱窗的功能有哪些?

3. 店铺外观的设计原则有哪些?

三、实训题

请同学以小组的形式，到你所在城市最热闹的商业街，拍下你们认为最有吸引力的店铺外观设计，分析它的特色，做成 PPT，并以小组的形式在班级内部交流。

课题 3　店铺内部设计

店铺的内部建筑、设施、柜台摆放、商品陈列、装饰风格、色彩、照明、音乐等构成了店铺的内部环境。店铺内部环境是吸引顾客停留的重要因素。

一、店铺内部设计的概念

店铺内部设计是指店铺通过灯光、色彩、音乐、味觉等环境的设计布置，以及顾客进店后活动线路的设计，展示店铺形象，营造店铺营销氛围，提高店铺经营效率。

二、店铺内部设计的要素

店铺内部设计的要素包括灯光、色彩、音乐、味觉引导和顾客动线。

1. 店铺灯光设计

灯光可以改变整个店铺的气氛，科学地配置灯光照明可以使商品更具有吸引力，增加顾客购买商品的欲望。

店铺的人工照明分为基本照明、重点照明和装饰照明。

（1）基本照明

基本照明以在天花板上配置荧光灯为主，是对卖场空间全面的照明。基本照明要保证卖场的基本照度，满足顾客的基本购物要求。因此，照明的范围应全面、面积大、亮度适中。

（2）重点照明

重点照明也称为特别照明或商品照明，主要是对服装货架和橱窗等区域的照明，目的是突出重点商品、吸引顾客、刺激顾客的购买欲望。因此，照明的范围应集中、面积适中、亮度高。

（3）装饰照明

装饰照明主要的功能是为卖场营造特殊的氛围，美化商店，宣传商品，渲染购买气氛。因此，照明的范围应局部、面积小、亮度低。

2. 店铺色彩设计

利用色彩变化装饰购物环境是店铺环境装饰的另一重要组成部分。色彩设计主要表现在地面、天花板、墙面、货架等部位。色彩设计应注重变化与和谐的统一。

不同的色彩及其色调组合会使人们产生不同的心理感受。

（1）红色

以红色为基调的环境，给人热烈、温暖的心理感受。红色一般用于传统节日、庆典布置，目的是创造吉祥、欢乐的气氛。但是，如果红色过于突出，容易让人紧张，因此要避免大面积、单一使用。

（2）绿色

以绿色为基调的环境，会给人带来安宁、舒适、生机勃勃的感觉。绿色是大自然中最常见色彩的主旋律。在购物环境设计时采用绿色，还可以缓解顾客的视觉疲劳。

（3）黄色

以黄色为基调的环境，给人柔和明快之感，使人充满希望。食品中很多是黄色的，如面包、糕点等，故黄色常作为食品销售区域的主色调。但是，如果黄色使用面积比例过大，会让人产生食品不干净的错觉。使用时应注意以明黄、浅黄为主，同时避免大面积、单一使用。

（4）紫色

以紫色为基调的环境，会给人带来庄严、高贵、典雅的心理感觉，使人产生敬畏感。紫色调常用于销售高档、贵重商品（如珠宝首饰、钟表玉器等）场所。

（5）黑色

黑色给人沉重、压抑的心理感受，一般在商场不单独使用，但与其他颜色适当搭配也会产生一定的视觉冲击力。

（6）蓝色

蓝色会使人联想到辽阔的海洋、广阔的天空，给人带来深邃、开阔的心理感受，销售旅游商品时采用效果较好。

3. 店铺音乐设计

营业时，店铺内播放轻松、愉快的音乐，有利于消除顾客和营业员的疲劳感，让顾客在优美的乐曲中挑选商品。慢节奏的音乐可以增加销售量，快节奏的音乐会提高顾客的移动速度。店铺可以在购买高峰期播放奔放的音乐，以加快顾客的移动速度；在购买低谷时，播放轻音乐，以留住顾客的脚步。注意播放音乐的声音强度不应高于 50 分贝。

4. 店铺味觉引导设计

除了店内色彩、照明和音乐的设计外，还要注重店内通风设备的设计。面积小、客流量大的店铺，空气极易污浊，为了保证店内空气清新通畅、冷暖适宜，应采用空气净化措施，加强通风系统的建设。

花店中花卉的气味，化妆品柜台化妆品的香味，面包店的饼干、奶油味，皮革店制品的皮革味，烟草店的烟草味，均是与所售商品协调的气味，这样的气味能够提高顾客的购买欲望。而异常的气味会影响商品的销量。

5. 店铺顾客动线设计

顾客动线的类型有直线型、环绕型和自由型三种。

（1）直线型通道

直线型通道又被称为单向通道，这种通道的起点是商场的入口，终点是收银台。顾客依照货架排列的方向单向购物，以商品陈列不重复、顾客不回头为设计特点，它使顾客在最短的线路内完成商品购买行为。

（2）环绕型通道

环绕型通道又被称为回型通道，通道布局为流畅的圆形或椭圆形，按从右到左的方向环绕整个店铺，顾客依次浏览、购买商品。

（3）自由型通道

自由型通道布局没有具体的路线，顾客不用按照一定的顺序浏览和购买商品。

知识拓展

选择播放背景音乐时应考虑的因素

店铺在选择播放背景音乐时要综合考虑以下几方面：

1. 音乐的风格要与店铺所销售商品的特性相接近。例如，书店适合播放高雅的轻音乐。

2. 乐曲数量要充足，在连续播放时不会让顾客感到重复。

3. 音乐的播放时段与播放音量要合理，白天播放的音乐可以适度欢快、响亮，晚上播放的音乐可以优雅、低缓。

4. 乐曲的种类要迎合顾客的兴趣。例如，某店铺的消费者主要是年轻人，那么该店铺可以播放一些流行音乐。

典型案例

某翡翠店室内设计

某翡翠店（见图 1–1）室内陈设整洁，整体风格素雅深沉。室内摆放了很多台玻璃展示架，玻璃小柜组合能够让顾客看清内部的商品。展示架内分类摆放翡翠挂件，供顾客挑选。顶棚黑色的金属格子吊顶规整结实，排列整齐的竹筒灯将整个空间照得很明朗。

图 1-1　某翡翠店室内设计实例

综合练习

一、判断题

1. 店铺设计的五大要素不包括音乐设计。（　　）
2. 店铺灯光只有明、暗之分。（　　）
3. 蓝色代表生命。（　　）
4. 紫色代表高贵。（　　）
5. 购买路线最短的顾客动线是环绕型动线。（　　）

二、问答题

1. 店铺设计的五要素是什么？
2. 店铺内不同的主题颜色各有何含义？
3. 店铺的顾客动线类型有哪些？

三、实训题

请同学以小组的形式，到全市最热闹的商业街，拍下你们认为最有吸引力的店铺内部设计，分析它的特色，做成 PPT，以小组的形式在班级内部交流。

模块二　店铺采购仓储管理

店铺在经营过程中，存在着商流、物流、资金流和信息流四个不断循环的体系。其中物流体系是指以商品采购为起点，经过入库、出库等商品仓储配送，最后通过销售行为将商品转移到消费者手中的过程，又称为供应链体系。采购是店铺经营中非常重要的一个环节，它影响着商品的后续销售及店铺的利润。规范有序的仓储管理是店铺稳定运营的保证。

学习目标

1. 掌握店铺采购管理的原则和要求。
2. 掌握店铺仓储管理体制的基本要求。
3. 学会制订采购计划，能够正确实施采购并正确进行仓储管理。

课题1 店铺采购管理

采购是企业依据经营需求提出采购计划，审核后有目的的选择供应商，并经过严格的商务谈判签订采购合同，最后按合同要求收货结算的过程。把握采购的原则，注意采购中的问题，遵守采购的流程，才能较好完成采购工作。

一、采购的原则

1. 以需定进原则

以需定进就是要根据市场需求决定进货数量、规格、式样和时间，保证购进的商品与顾客的需要一致，尽快实现商品销售。以需定进又称为以销定进，即卖什么就进什么，卖多少就进多少，进货完全由销售情况决定。

2. 性价比原则

店铺获得利润有两种主要途径：一种是给商品增加差异化的附加值；另一种是降低成本，降低成本最重要的方式就是使采购成本降低。采购商品物美价廉，性价比达到最优，商品才具有竞争力。

3. 勤进快销原则

店铺必须利用有限的资金，根据市场需求的变化，以勤进促快销，以快销保勤进。力争以较少的资金占用经营较多较全的品种，加速资金周转。

4. 信守合同原则

为了保证采购合同的有效性和严肃性，更好地发挥合同在企业经营活动中的作用，保证交易双方的合法权益，保证企业购销活动的顺利进行，采购交易双方都应信守合同。

二、采购的模式

1. 现货采购

现货采购也称为现货交易，是指商品采购时供货方有现成的商品，零售商可以直接或在极短的期限内提货的采购形式。这种采购方式成立后，双方立即进行商品与货款的相互交换。

2. 期货采购

期货采购是指采购时供货方尚没有现成商品，交易成立后，双方约定一定期限，实行商品与货款相互接受的一种买卖活动。这种采购方式购销双方承担的风险比较大。

3. 代销采购

代销采购是先售货后付款的采购方式，购销双方经过协商，在合同契约的基础上，零售商先进货，待商品售出之后再结算货款。这种采购方式供货商需要承担大部分费用和经营风险，而店铺一般不需要支付商品进货费用和承担经营风险。

三、采购人员需要具备的素质

1. 思想品德素质

思想品德素质是采购人员应具有的基本素质。只有思想品德高尚，才能大公无私、克己奉公，不贪图个人小利，处处为大局着想。

2. 知识素质

（1）政策法律知识

采购人员需要掌握的政策法律知识包括国家出台的各种法律法规、价格政策，以及与零售经营有关的规定。

（2）文化基础知识

文化基础知识是采购人员学习和掌握其他知识的基础。

（3）市场学知识

采购人员需要了解消费者需求，掌握市场细分策略及商品、价格、渠道、促销等方面的知识，以便合理选择、采购商品，保证商品适销对路。

（4）业务基础知识

采购人员需要掌握的业务基础知识包括谈判技巧、商品知识、签约知识等。

（5）心理学知识

采购人员需要了解顾客的心理，把握市场消费者的心理需求。

（6）自然科学知识

采购人员需要掌握的自然科学知识包括自然知识、数理知识和计算机知识。

3. 能力素质

能力素质主要是指分析能力、协作能力、表达能力、成本分析能力和价值分析能力、预测能力、自我控制能力。

四、采购流程（见图 2–1）

图 2–1 采购流程图

1. 确认采购需求

采购人员首先应当清楚店铺的采购需求，即需要什么、需要多少、何时需要。

2. 制订采购计划

采购人员在分析需求的基础上制订一份采购计划，采购计划的内容包括市场采购资源分析、商品价格调查、供应商分析、采购方式、采购日程计划、运输方式选择及交货结算等。

3. 寻找供应商

采购人员应当选择信誉好、商品质量高、交货期有保证的供应商，否则会给店铺的销售和服务带来负面影响甚至利益损失。

4. 谈判磋商

选定供应商之后，采购人员要与供应商磋商商品的价格、采购条件和供货条件。

5. 签订合同

双方经过谈判，达成一致后要签订合同。采购人员在签订合同之后要一直跟踪货物的情况。

6. 采购结算

采购人员要在接到货物、验收货物之后办理结算手续。

知识拓展

电子采购平台

电子采购平台是一个集“全方位的资讯服务 + 多效的采购交易平台 + 管家式服务”为一体的企业采购协同工作平台。通过这个平台，采购企业可以发布采购信息，进行价格谈判，跟踪订单发货，评估供应方绩效，分析采购策略，获取合作伙伴，了解市场行情信息等。同时，供应企业也可以从中进一步降低销售、供应成本，享受供应商推荐，获得更多商机，提高企业运营效益。通过一个公共的交易信息平台，采购、竞标变得更快捷、高效、公平。一般性的采购，小到日常用品，大到机电设备，参与的采购者从政府、社会团体到企业，通过一个交易平台拉近了空间距离，缩短了竞标谈判时间，而这样的效率在传统采购中是不可想象的。同时，电子采购平台节省了大量的人力和采购所需的大量间接资金投入，让企业可以把更多的精力放在提高商品的品质上。

典型案例

沃尔玛的采购流程

沃尔玛有专门的采办会负责采购。为完成采购任务，采办会一般会成立6～10人的工作小组，他们最先做的是商品信息采集，主要是收集各地供应商提供的新商品及报价，这是小组负责的日常性工作。在对信息简单分类后，该小组会用 E-mail 的方式与沃尔玛全球主要店面的买手沟通，买手确定需要的大致商品。在世界各大区买手来到该国家前（一般一年2～3次），采办的员工会准备好样品，样品上清楚标明价格和厂家，买手在采办的办公室里选择商品，他们将最后决定采购谁，而采办人员并不能过多地推荐。随后买手会与采办人员对被看上的商品进行价格方面的内部讨论，定下大致的采购数量和价格，由采办人员与厂家就细节和价格进行谈判。在这个过程中，买手不与厂商直接接触。在正式确定订单后，采办人员将继续负责跟单。这种采购模式让沃尔玛做到了“天天低价”。

综合练习

一、判断题

1. 以需定进就是要根据市场需求决定进货数量、规格、式样和时间，保证购进的商品与顾客的需要一致，尽快实现商品销售。（ ）

2. 店铺进什么、进多少，要看店长的意思。（ ）

3. 店铺获得利润的途径就是销售商品。（ ）

4. 店铺必须利用有限的资金，根据市场需求的变化，以勤进促快销，以快销保勤进。（ ）

5. 思想品德素质是采购人员应具有的基本素质。只有思想品德高尚，才能大公无私、克己奉公，不贪图个人小利，处处为大局着想。（ ）

二、问答题

1. 采购的原则有哪些?

2. 采购的流程是什么?

3. 采购人员需要具备的素质有哪些?

三、实训题

请同学根据个人喜好选择一件商品，试着寻找适合的供应商，并拟订一份订货合同，在班级内部交流。

课题 2　店铺仓储管理

采购的货物经过验收后交由仓库负责储存保管，在店铺需要时办理出库。

一、验收入库

店铺为销售而购进货物，货物送达时的接收过程称为收货作业。收货应当适时，一般要求赶在旺季前，避开节假日。

商品验收入库的流程（扫描右侧二维码可观看视频）如下：

1. 验送货单

在收货之前要验送货单，检查送货单上的各项条目与订货单是否一致，不一致时应要求送货人员重新送货。

2. 验货

验货员验完送货单后，要对收到的商品进行仔细核对，检查商品名称、品质、规格、条码、生产日期、收货部门、收货数量等信息是否与送货单一致，同时检查是否有待退商品。验收完成后验货员签字确认。

3. 通知仓库

收货主管对商品验收单和供应商送货单进行核对，盖章确认后通知仓库管理人员收货。

二、退换货

商品退换货是指按订单或合同将收货时发现的不合格、发错的货物办理退回或换货的作业。

1. 商品退换货原因

（1）协议退货，即与仓库订有特别协议的季节性商品、试销商品、代销商品等，在协议期满后仓库将剩余商品予以退回。

（2）商品有质量问题的退换货。

（3）搬运或运输途中商品有损坏的退换货。

（4）商品过期退回。

（5）商品送错退回，即送达的商品不是订单所要求的商品。

2. 商品退换货流程（扫描左侧二维码可观看视频）

（1）清理需退换货的商品

将验货时发现的有问题的货物清理出来，确认退换货品种和数量。

（2）填制退换货单

填制退换货单，并交给供应商签字确认后转交会计审核签字。

（3）办理退换货

仓库管理员在确认退换货物品后，按仓库的退换货流程办理退换货手续。

三、商品出库

商品出库应贯彻“先入先出”的原则，依据出库的程序办理出库。

1. 审核商品出库凭证

商品出库必须有合法的出库凭证。出库凭证审核的内容主要包括印鉴手续是否齐全，所列仓库名称、商品品名、商品规格、商品数量是否相符等。

2. 登记代管商品明细账，核销存量

货区记账员根据出库凭证按照规定手续登记代管商品明细账，核销存量，同时在出库凭证上批注出库商品的货位和发货后的结存量，以供保管员配货、核对。

3. 根据出库凭证，核实备货

保管员审核出库凭证所列商品品种、规格、数量，审核无误后先核销保管卡上存量，然后从各个货位上捡出商品，加以集中。

4. 复核查验，防止发货差错

保管员按照“动碰复核”要求，一边发货一边复核，既要复核单货是否相符，又要复核货位结存量，以保证出库量的准确性。在保管员自查后，还须专职或兼职复核员进行复验。

5. 编配包装，集中待运

某些商品在出库前还要进行编配拼装、换装、改装和加固包装等作业。商品包装后，即可按商品运送的不同运输方式、线路和收货点分单集中待运。

6. 交接发货，放行出库

仓库发货时，发货人应向收货人员或运输人员按单逐件点交清楚，以分清责任。

知识拓展

店铺进货、收货注意事项

验收工作原则上由两人或两人以上共同负责。若订单上有搭赠的商品，还应当验收搭赠商品的数量。在录入商品验收单时，相同商品直接在搭赠栏里录入搭赠数量即可。自采商品仅提供供货商的送货单。

核对厂商送货单上的进货单价格与电脑进价是否一致，低于电脑进价的，以送货单价格验收；高于电脑进价的，以电脑价格为准。

商品验收单一式三联：第一联（白联）为财务记账联，第二联为供货商联，第三联为存根联。

典型案例

雀巢公司对家乐福的及时库存管理

雀巢公司和家乐福公司建立了亲密伙伴关系，由雀巢为家乐福管理它所生产商品的库存。雀巢为此专门引进了一套VMI信息管理系统，家乐福也及时为雀巢提供其商品销售的POS数据和库存情况，通过集成双方的信息管理系统，及时掌握顾客的真实需求。

家乐福每日的订货业务情况如下：

9：30 以前：家乐福将货物售出信息和现有库存信息用电子形式传送给雀巢公司；

9：30—10：30：雀巢公司将收到的数据合并至供应链管理 SCM 系统中，并产生预估的订货需求，系统将此需求量传输到后端的 ERP 系统中，依实际库存量计算出可行的订货量，由此给出建议订单；

10：30：雀巢公司再将该建议订单用电子形式传送给家乐福；

10：30—11：00：家乐福公司确认订单并对数量与商品项目进行必要的修改之后回传至雀巢公司；

11：00—11：30：雀巢公司依照确认后的订单进行拣货与出货，并按照订单规定的时间交货。

这种做法大幅缩短了供货商面对市场的响应时间，让供应商较早掌握市场实时销售情况，提早引进或生产市场所需商品，降低缺货率，同时降低供货商与零售商用以应对市场变化的不必要库存。雀巢公司也更容易掌握家乐福公司的销售资料和库存动态，以便更好地进行市场需求预测和制订有效的库存补货计划，解决其好卖商品经常缺货而不畅销的商品却有很多存货的问题，降低销售成本。

综合练习

一、判断题

1. 商店进货的目的是为了销售。（　）

2. 当厂商送货到收货区时，收货人员要对送货单上所列项目进行仔细核对。（　）

3. 商品退换货是指按订单或合同将收货时发现的不合格、发错的货物办理退回或换货的作业。（　）

4. 退货或换货的原因只能是商品有质量问题的退货。（　）

5. 退货或换货的原因不可以是商品过期退回。（　）

二、问答题

1. 什么是收货作业？

2. 商品退换货的原因有哪些？

3. 商品退换货的流程是什么？

三、实训题

请同学以小组为单位，调查了解附近店铺收货的时间安排（可观察也可咨询），分析店铺这样安排的原因。

模块三　店铺经营

店铺经营是人、货、场的协调运营体系，店铺经营的主要工作区域集中在店面，它包括店铺陈列、商品理货、销售管理、促销管理和收银管理等工作内容。实体店铺是展示给顾客的一个窗口，店铺经营不仅反映出店铺经营者的管理水平，也反映出店员的整体素质。

学习目标

1. 掌握价格标签的编制要求，商品陈列的方法和原则，商品调价、补货、调货的流程和相关规则。掌握销售管理和促销管理的内容，以及收银管理的要求。

2. 能够正确编制价格标签，规范选择陈列道具、设计商品陈列，合理实施调价、补货、调货作业；能够正确进行销售管理、促销管理和收银管理。

课题1 店铺陈列

店铺陈列是店铺布局、商品陈列、橱窗陈列的总称。进行店铺陈列时，不仅要注重整体美观，还要注重细节。

一、店铺陈列的原则

1. 店铺布局的原则

（1）区域原则

根据商品的不同功能、特性和消费者的购买习惯，将店铺分割为若干区域，区域间应当相互关联、有过渡。

（2）分类原则

根据消费者决策树，按功能、规格、品牌、价格、颜色对商品进行分类。

（3）顺序原则

商品纵向陈列，上小下大，从主通道的阳面到阴面，价格从低到高。

（4）宽度原则

每一个商品的陈列宽度为20厘米或不少于2个排面。

2. 商品陈列的原则

（1）“先进先出”原则

商品陈列要求商品按进货顺序放置，最先进的商品放在最前面，后面按进货时间依次放置。当货架上陈列在前排的商品被顾客拿空后，补货人员应该先将后排的商品推到前排，然后将生产日期新鲜的新品补到后排空处。

（2）可获利原则

陈列必须有助于促进店铺销售。尽量将店铺最好的陈列位置用于主推商品，此外还要注意记录能增加销量的特定的陈列方式和陈列物。

（3）吸引力原则

陈列时应将本店铺所售商品的风格和利益点充分展示出来，此外还可配合空间陈列充分利用广告宣传品吸引顾客的注意。

（4）商品搭配原则

商品陈列的最终目的是促进销售，所以陈列时要充分考虑商品之间的搭配。

（5）易见易取原则

陈列的商品应让顾客容易看见，因此要遵循前低后高的原则。

（6）放满原则

商品要尽量做到放满陈列，给顾客留下商品丰富、品种齐全的印象。琳琅满目的商品陈列对销售的促进作用毋庸置疑。

二、商品价格标签（扫描右侧二维码可观看视频）

1. 商品价格标签的概念

商品价格标签也称为商品价格标识，是用来标识商品销售价格的标签。价格标签的内容包括商品的条码、名称、价格、规格、产地、编码、物价局审批编号等。

2. 三色标签的规定

商品流通领域全面推广红、黄、蓝三色价签。政府定价和政府指导价的商品使用蓝色明码实价标签；市场调节价的商品，经营者可以根据市场情况和自身经营的需要任选明码实价（蓝色）、降价（红色）、特价和会员价（黄色）的标价方式。

3. 管理商品价格标签的注意事项

（1）检查标签，查出问题统一改正

1）检查有无残损、丢失的标签，商品陈列位置与标签是否对应。

2）检查商品价格标签标价是否准确，字迹是否清晰，标识是否醒目，是否一货一签，是否货签对位，商品价格变动时是否及时更换。

3）检查标签的摆放是否依据标签的大小、颜色及经营场所的实际情况做到美观整洁。

4）新商品上架时，要再次核对标签内容与实物是否一致。

（2）促销商品、调价商品的标签要及时调整（扫描左侧二维码可观看视频）

1）店铺接到“促销调价通知单”或“商品调价通知单”后，重新打印促销标签。

2）当日执行售价调低的商品，商品价格标签更换要在执行时点后进行；当日执行售价调高的商品，商品价格标签更换要在执行时点前进行；次日执行售价调整的商品，商品价格标签更换要在营业结束后进行。

3）换下的促销商品或调价商品的原标签要与“促销调价通知单”或“商品调价通知单”捆扎在一起，单据和标签一一对应，注明期限，由店长保存。

4）调价期限结束后，柜组人员将促销标签取下，换上原标签。换下的标签交店长统一销毁。

5）日常用品、食品、电器（含厨具）、高档文具、化妆品、烟酒、药品、电脑及软件、乐器类商品折让价格变动一律更换标签；其他类别商品折让价格变动如无特殊说明，交由美工制作宣传海报、POP 等价格标识；全场或区域性商品的价格折让，可以不更换标签，由美工制作宣传海报、POP 等价格标识。

三、陈列道具

1. 陈列道具的种类

商品常用的陈列道具有货架、隔板、护栏、栈板（卡板）等。

2. 陈列商品和道具的检查

（1）商品是否有灰尘。

（2）货架、隔板贴有胶带的地方是否被弄脏。

（3）标签是否贴在规定位置。

（4）标签及价格卡的售价是否一致。

（5）商品最上层高度是否太高。

（6）商品是否容易拿出、容易放回原位。

（7）护栏是否间隔适中。

（8）商品分类标识板是否正确。

3. 陈列道具的使用要求

（1）隔板是维持陈列面不可缺少的物品，它可以防止隔壁排面的商品混入，使缺货较易被发现。

（2）店铺的护栏高度应该适中，不宜过高，否则会遮挡商品。

（3）栈板（卡板）的大小应该与场地、货架的大小一致。

（4）商品放满陈列：货架每一格至少陈列 3 个品种（畅销商品的陈列可少于 3 个品种），保证品种数量；就单位面积而言，平均每平方米要达到 11 ~ 12 个品种的陈列量。

（5）最佳陈列位置。目前普遍使用的陈列货架一般高为 165 ~ 180 厘米，长为 90 ~ 120 厘米。在这种货架上最佳的陈列段位不是上段，而是处于上段和中段之间的段位，这种段位称之为陈列的黄金线。以高度为 165 厘米的货架为例，商品黄金陈列线的高度一般在 85 ~ 120 厘米，它是货架的第二、三层，是眼睛最容易看到、手最容易拿到商品的陈列位置。

（6）叠放在栈板上的货品，应将重量及体积大的商品放在下层，体积小和易坏的商品放在上层，且摆放整齐。

4. 选择陈列道具的工作流程（扫描右侧二维码可观看视频）

（1）选择货架

商场的货架多以可拆卸组合的钢制货架为主，常用的规格为：高度 135 厘米、152 厘米、160 厘米、180 厘米，宽度 90 厘米、120 厘米。目前店铺使用最多的是 180 厘米 ×120 厘米规格的货架。店铺应当依据自身的大小和布局情况选择合适的货架。

（2）选择隔板

隔板主要用来隔开两种不相同的商品。目前常用的隔板有塑料隔板和不锈钢隔板两种，有时也会用木制隔板，如打堆头。

（3）选择护栏

护栏用于防止顾客在选购某些易碎商品时失手打破商品，对顾客造成伤害或给店铺带来损失，是货架边缘的防护工具。严格来说，护栏并非必需品。

（4）选择栈板（卡板）

用来堆砌促销商品的板子叫作栈板，它的作用是避免商品直接与地面接触，防止商品受潮。一般情况下栈板为木制正方形，店铺可以根据场地需要任意组合。

四、商品陈列

1. 商品陈列的类型

店铺内的商品可分为交易商品、样品和储备商品三种。

交易商品摆放和陈列在柜台、货架、货柜内，直接用于现场交易。这种陈列方式具有流动快、更换勤的特点。

样品大多数摆放在柜顶、样品柜或展示台上，较少用于现场交易。样品主要是固定的陈列品，其流动性较小，是商品陈列的主体。

储备商品是指进入售货现场的备销商品。它主要摆放在方便销售、不影响现场售货或不影响人员行走的地方，也具有一定的商品陈列意义，但不是陈列的主体，更多的储备商品应当存放在店铺的仓库内。

2. 商品陈列的主要形式

（1）分类陈列

分类陈列是指先按商品的大类划分，然后在每一大类中再按商品的价格、档次、产地、品质等不同分类方法进行二次划分，如纺织品类、服装类、化妆品类等都可作为大类，而纺织品大类可再细分为化纤、棉布、丝绸、毛呢等。这种陈列形式便于顾客集中挑选、比较，也有利于反映店铺的经营特色。

（2）敞开陈列

敞开陈列指店铺采用自选售货形式，顾客可以直接从敞开展示的商品中选择所需购买的商品。这是一种现代通行的售货形式，它将陈列与销售合二为一。敞开陈列把商品全部悬挂或摆放在货架或柜台上，顾客不需要反复询问便可自由挑选。这种方式既方便顾客，又容易激发顾客的购买兴趣。敞开陈列形式主要适用于服装、化妆品、大件耐用消费品、家具和袋（罐）装食品等，不适用于贵重商品（如金银首饰）和小商品。

（3）专题陈列

专题陈列是结合某一特定事物、时期或节日集中陈列展示应时适销的连带性商品，如中秋节食品店中的月饼专柜，或时逢每学期初店铺开设的学生用具专柜等。这种陈列方式适应了普通顾客的即时购买心理，大多数可形成某种商品的购买热潮。专题陈列形式必须突出“专题”或“主题”，涉及面不宜过多、过宽，否则容易引起顾客的反感。

（4）季节陈列

季节陈列可视为专题陈列的特例，它是根据气候、季节变化，把应季商品集中起来陈列的陈列形式，是经营季节性商品的店铺最常用的方式。季节性特征突出的商品一般采用这种陈列方法。季节陈列主要适应了顾客应季购买的习惯心理，所以每逢换季，店铺的季节陈列展销大都能收到较好的效果。

3. 商品陈列的常用方法

（1）集中陈列法（见图 3-1）

图 3-1　集中陈列法

（2）端头陈列法（见图 3-2）

图 3-2　端头陈列法

（3）岛式陈列法（见图 3-3）

图 3-3　岛式陈列法

（4）突出陈列法（见图 3-4）

图 3-4　突出陈列法

（5）悬挂式陈列法（见图 3-5）

图 3-5　悬挂式陈列法

（6）比较陈列法（见图 3-6）

图 3-6　比较陈列法

4. 商品陈列的设计流程（扫描右侧二维码可观看视频）

（1）确定店铺布局图

店铺会根据店铺业态及顾客的消费习惯确定店铺布局和顾客动线。对超市来说，生鲜货品区一般设置在卖场的最里面，进口处一般设置为百货、针织、洗化等高毛利的商品区。主通道是指在主动线上引导顾客走遍卖场的通道，一般设计为"U"字形或"T"字形贯穿整个卖场。主通道要求能接触到每一个大类，宽度在4～5米，特殊的为10米。生鲜区的辅通道宽度一般为2米，货架之间的通道一般不小于1.6米，收银台前的内侧通道宽度不小于3.5米。

（2）确定货架配置图及商品分类配置图

商品配置一般应按照消费者购买每日所需商品的顺序做出规划，即按照消费者的购买习惯和人流走向确定货架配置图及商品分类配置图。

（3）实施商品陈列

商品陈列可分为量感陈列和展示陈列，量感陈列显示商品陈列数量的多少，展示陈列突出商品陈列的美观。商品陈列完成后，店铺工作人员要随时观察有没有缺货商品，若有应及时补充缺货。

五、橱窗陈列

1. 橱窗的作用

橱窗的作用体现在招徕顾客、传递商品信息、吸引顾客入店消费和传播品牌文化四方面。橱窗陈列形式可以反映一个品牌的个性风格和对文化的理解。因此，橱窗陈列设计必须强调品牌的文化内涵。

2. 橱窗陈列的要点

（1）明确

橱窗陈列结构要明确清晰，要能准确表达商品的特色和优势。

（2）整洁

橱窗是无声的广告，从最开始设计就要注重清洁，并时刻注意维护保养。

（3）简练

橱窗内装饰的用量应适度，要与橱窗大小成比例。一般来讲，为了突出品质感，越高档的物品装饰越少。

（4）统一

为了给顾客留下鲜明的印象，橱窗内同一组物品陈列时无论色彩、材质都要统一。

（5）分组

橱窗中展品的摆放要注意分组，以便引导参观者清晰地、有重点地观看展品。

（6）余白

橱窗陈列为了突出重点，要在各个分组之间留有余白。为了体现价值感，高级的展品余白要多。

（7）立体

橱窗陈列要有空间感，远、近、高、低要分明。

（8）点缀

橱窗陈列时注意使用能突出主题的物品来点缀，这样不仅能营造气氛，还有利于将远处的顾客吸引过来。

3. 橱窗陈列的设计流程（扫描右侧二维码可观看视频）

在布置橱窗之前先要进行形势背景调查、流行趋势调研、消费者生活方式调查、消费情况调查、购物趋势调查等工作。依据调查结果，规划橱窗的展示地点、展示空间、展示时间，以及进行费用预算。随后，精心挑选橱窗展示的商品和用来展示橱窗商品的工具，画出示意图，附上橱窗的灯光计划和橱窗布置的基本方式，由店铺统一安排实施，最后进行商品标识的布置。

知识拓展

店铺磁石点的分布与配置

所谓磁石点，是指店铺中最能吸引顾客注意的地方，就是顾客的注意点。磁石点和磁石商品要合理分布，使店铺每平方米的价值实现最大化。

1. 第一磁石点

第一磁石点位于店铺中主通道的两侧，是顾客必经之地，也是商品销售最主要的地方。此处配置的商品主要是消费量多、消费频度高的主力商品，如蔬菜、肉类、日配品（豆、面、奶）等。

2. 第二磁石点

第二磁石点穿插在第一磁石点中间，一段一段地引导顾客向前走，诱导顾客走入店铺最里面，因此第二磁石点配置的商品应该是色泽鲜艳、引人注目的流行商品或季节性强的商品，如具有季节感的商品以及明亮、华丽的商品等。第二磁石点需要特别突出灯光照度和陈列装饰，让顾客一眼就能辨别出其与众不同的特点。第二磁石点上的商品应根据需要隔一段时间或根据季节的变化更换布置，以吸引顾客的注意。

3. 第三磁石点

第三磁石点是店铺中央陈列货架两头的端架位置。端架是顾客接触频率最高的地方。要刺激顾客消费，可在第三磁石点配置特价品或促销商品、自有品牌商品、高利润商品和季节性商品。

4. 第四磁石点

第四磁石点位于店铺中副通道的两侧，是充实店铺各个有效空间的摆设，主要以商品的单个类别来配置。为了使这些单项商品能引起顾客的注意，应在商品的陈列方法和促销方法上做“刻意”表达。第四磁石点主要配置流行、时尚的商品、有意大量陈列的商品和广告效应强的商品。

5. 第五磁石点

第五磁石点位于收银台前的中间场所，是组织大型展销、特卖活动的非固定位置。第五磁石点促销的方式有两种：一种是多品种大量集中陈列的方式，这样可以集聚大量的顾客，从而烘托门店气氛；另一种是不断变化展销主题，这样可以给顾客带来新鲜感，从而促进销售。

典型案例

永辉超市的店铺陈列

好的陈列布局就像一个无声的“促销员”，能很好地引导客流在店内的走向，使顾客能光顾到店铺内的出入口、货架、端架、收银台等每一处陈列。永辉超市是如何做好陈列的呢?

1. 出入口陈列

店铺主要出入口是顾客首先到访的位置，也是顾客决定是否进店选购的关键，因此必须重视此处的商品陈列。永辉超市将最畅销和最热卖的商品陈列于此处。永辉超市出入口要求做到畅通无阻，没有任何纸箱或杂物放在地板上，店铺从外而内都清洁无碍，凡从门口经过的顾客均能清楚地看到店内当期的推广信息。购物篮可放置在门口或其他方便顾客取用的地方，堆叠高度保持在10个左右，便于顾客有需要时拿取。

2. 货架陈列

将不同种类的商品以垂直方式陈列，相同种类的单品以横向方式陈列。另外，永辉超市部分商品按价位区分陈列，一般按从上到下价格由高到低的规则陈列，还要做到大不压小、重不压轻，最好首层丰满呈梯形陈列。

3. 端架陈列

永辉超市会根据店铺推广主题或主推商品组合陈列当期促销货品。商品陈列保证商品正面朝向顾客的同时，还要做到三面陈列，即从任何方向均应看到商品的正面。永辉超市在端架上每层只陈列一种或一系列商品。

4. 非货架陈列

永辉超市合理利用店内的灰色地带，有策略地安排非货架如堆头（促销车）的陈列，推动顾客走遍商场的每个角落。永辉超市常采用两种非货架陈列方式：一种是把高毛利商品（独家销售）与畅销商品共同陈列，以促进销售；另一种是把相同类型、色调、高度的商品摆放在一起，以加强吸引力。陈列的商品上均应附有显眼及清晰的宣传牌。

5. 收银台陈列

收银台是顾客最后停留的地方，同样也是顾客决定是否再次到访的关键。热情的服务及有效的商品推广最能满足顾客，令他们有宾至如归的感觉。永辉超市在收银台范围内陈列一些轻便货品，如袋装小商品、口香糖、止血贴等，可刺激顾客即兴购买的兴趣。

此外，商品销售是有主次的，为求利润更大化，永辉超市在商品陈列时往往还要按商品的主次轻重选择合适的摆放位置，首推商品、A 类首推品、二推商品、畅销商品、滞销和品牌商品各有各的位置，最重要的商品（高毛利、高销量、低价位商品）陈列于最好的位置。

综合练习

一、判断题

1. 所有商品都可以进行橱窗布置。 （ ）

2. 橱窗是无声的广告，从最开始设计就要注重清洁，并时刻注意维护保养。（ ）

3. 橱窗陈列要有远、近、高、低，越模糊越有空间感。（ ）

4. 橱窗内的装饰是为了突出品质感，越高档的商品装饰越多。（ ）

5. 一个橱窗设计可以反映一个品牌的个性风格和对文化的理解。（ ）

二、问答题

1. 店铺布局的原则有哪些?

2. 商品陈列的设计流程是什么?

三、实训题

请教师将全班同学分成若干小组，要求每个小组自行安排参观一家百货商店，小组成员将店里的橱窗展示拍下来并对其优缺点进行分析、总结，制作成PPT 在班级内部交流。

课题2 店铺理货

店铺经营中，营业人员需要经常整理货物，并依据不同的销售活动对价格和商品陈列进行一定的变动。店铺理货包括商品调价、商品补货与调货，以及商品盘点。

一、商品调价

商品调价即商品价格调整，是指当商品的进售价上调或下降时店铺工作人员需要完成的工作。商品调价包括进价调整和售价调整。

1. 商品调价审批程序

（1）进价调低的单据由采购部、物价质检部经理审核后执行，并传财务处做账；进价调高的单据必须上报店铺总经理批准方可执行（特价恢复除外）。

（2）进价不变、售价调低的单据必须上报店铺总经理批准方可执行。

2. 商品调价操作

（1）商品日常售价调整流程

由申请地（如店铺、物价质检部等）提出售价调整商品明细表，交采购部；由采购部经理审核后传物价质检部；物价质检部按规定审批后，打印调价通知单交财务部做账，柜组调整价格。

（2）促销商品调价流程

采购部审核厂家促销调价通知单并注明促销时间后传物价质检部；物价质检部接到通知单后，经理审核完毕并签名后交物价员录入电脑并打印调价申请单；录入员录入完毕后打印促销商品调价通知单（附起始时间）交财务部做账，柜组调整价格。

二、商品补货与调货

1. 补货

补货是指理货员将标好价格的商品依照商品各自既定的陈列位置，定时或不定时地将商品补充到货架的操作。

补货可分为定时补货和不定时补货。定时补货是指在非营业高峰时对货架商品进行补充。不定时补货是指只要货架上商品即将售完就立即补货。

商品补货的操作流程如下：

（1）确认补货

工作人员先对系统的库存数据进行确认，确定属于缺货时，将暂时缺货标签放置在货架上。卖场柜台实物负责人根据销售的需要，在查询仓库库存后制“补货申请单”。特惠商品、堆头商品由采购员根据销售情况订货。采购员根据电脑的补货信息制定订货单后交卖场柜台实物负责人审核，卖场柜台实物负责人于当班日交还采购员。

（2）安排补货顺序

按促销品项、主力品项、一般品项的重要等级依次补货上架。有保质期限的商品必须遵循先进先出的原则。

（3）补货时检查

按区域依货架的顺序检查商品的质量、外包装和条形码是否完好，价格标签是否正确。

（4）清理通道

货架补齐后，要及时清理通道的垃圾和存货，垃圾送到指定地点，存货送回库存区。

2. 调货

在各大连锁品牌店中，如果其中一家店铺的某款商品卖完了，可以查询这款商品在其他店铺中是否有货，如果有，可以帮顾客从另一家店铺把这件商品调到本店，这就是调货作业的主要形式。调货也有配货的意思，即在货物积攒地根据货物清单进行目标货物的拣取。通俗来说，调货就是补货，即二次进货。

此外，许多网络店铺不需要囤货，它们可以代发或每天调货。

三、商品盘点

商品盘点是指定期或临时对库存商品的实际数量进行清查、清点的作业，即为了掌握货物的流动情况（入库、在库、出库的流动状况），核对仓库现有物品的实际数量与保管账上记录的数量，以便准确地掌握库存数量。

1. 商品盘点作业内容

（1）数量盘点。

（2）重量盘点。

（3）货与账核对。

（4）账与账核对。

2. 商品盘点原则

（1）真实

盘点所有的数据、资料必须是真实的，不允许作弊或弄虚作假，不允许掩盖漏洞和失误。

（2）准确

盘点的过程要求准确无误，无论是资料的输入、陈列的核查还是盘点的数据都必须准确。

（3）完整

盘点的流程必须完整，不要遗漏区域和商品。

（4）清楚

盘点过程属于流水作业，不同的人员负责不同的工作，只有资料齐全、内容书写规范、货物整理清楚，才能使盘点顺利进行。

（5）团队精神

盘点是全店人员都应参加的营运过程。为减少停业的损失、加快盘点的时间，店铺各个部门必须有良好的配合协作意识，以大局为重，使整个盘点按计划进行。

3. 商品盘点操作（扫描右侧二维码可观看视频）

（1）选择盘点方法

盘点方法分为账面盘点和现货盘点。账面盘点与现货盘点的结果要完全一致，一旦存在差异，即产生“料账不符”的现象，则须寻找错误原因。

1）账面盘点。账面盘点又称为永续盘点，就是将每天入库及出库货品的数量及单价记录在电脑或账簿上，而后不断地累计加总算出账面上的库存量及库存金额。这种方法不必实地盘点就能随时从电脑或账簿上查悉货品的存量。

2）现货盘点。现货盘点也称为实地盘点，就是实际去点数仓库内的库存数，再依货品单价计算出实际库存金额。现货盘点依其盘点时间频度的不同可分为期末盘点和循环盘点。期末盘点是指在期末一起清点所有货品数量的方法。循环盘点要求是在每天、每周即做少种少量的盘点，到了月末或期末要求每项货品至少完成一次盘点的方法。

（2）做好盘点准备

1）各区在盘点前应编排盘点排面号。例如，在每个排面的第一排标上A-1，第二排标上A-2，编排顺序应是从上到下依次编排。

2）店长负责制作盘点区域布置图，具体包括：划分人员的盘点位置，制定抽盘、复盘人员名单。根据盘点区域布置图，店长具体调配人员，收银部门合理安排输单人员，管理部门合理安排班次及盘点人员，人员确定后再填入布置图并张贴出来，让各员工了解自己的位置。

3）各部门对排面商品要进行集中、归位处理，同一单品多处陈列的要集中在一个排面陈列，类似商品不同大类、编码不合理的要尽量重新陈列在不易混淆的地方。仓库、暂存区在平时到货时就应按大类堆放排列，盘点时再次整理归类并进行一次性盘点。

4）商品归位、集中清理后，各排面理货员对所负责的排面要进行大标签、实物、编码的核对，以达到三项相符，对于错码或串码的商品要通知店长并进行登记，以便在盘点时按正确编码登数。

5）在实际盘点开始前两天对商品进行整理会使盘点工作更有序、有效，如有必要可在正式盘点前两个小时对商品进行最后的整理。

（3）盘点

当天营业结束后，店长召集所有参加盘点的人员，介绍这次盘点的准备情况，明确盘点责任，宣布盘点纪律。盘点时两人一组，一人盘商品，一人记录，必须按盘点表抄写顺序见货盘货，不得跳、串。若实际盘点时涂改过多，该张盘点表不可私自撕毁，必须及时上报财务主管，由财务主管安排处理。在进行实物盘点时，如发现过期、破损、滞销等不适合在架销售的商品，应在清点数量后及时下架待处理。

（4）盘点结果处理

盘点结束后，所有核查的盘点表上交财务部，财务主管认真核对盘点表数据，确保盘点结果准确。此外，店长应在结束后三天内将盘点数据输入电脑并完成盘点表与电脑数据核对的工作，并向店铺工作人员指出本次盘点中存在的问题，表扬盘点工作中成绩优秀的员工，和大家分析盘亏原因，群策群力，找出店铺在日常运营管理中存在的问题和防损措施，力争把店铺的运营管理工作做得更好。

补货时需要注意的问题

1. 已变质、受损、破包、受污染、过期、条码错误的商品严禁出售。
2. 需要补货时，必须先整理排面，维持好陈列货架的清洁。
3. 补货时要学会利用工具（如平板车、周转箱等）进行补货，以减少体力支出，提高工作效率。

4. 补货完毕后应快速将工具、纸箱等整理干净。

5. 补货完毕后须检查价格标签是否与商品对应。

6. 补货时商品要轻拿轻放，避免因重摔导致商品破损或影响商品新鲜度。

典型案例

ZARA 的快速补货系统

ZARA 采用电子标签系统（RFID）管理自己的商品，该系统能够方便地追溯商品从工厂到零售店的全链条动态，使店铺运转效率更高。

ZARA 的 RFID 系统是如何实现及时补货的？射频识别技术是 20 世纪 80 年代发展起来的一种新兴自动识别技术，用于控制、检测和跟踪物体。系统由一个询问器（或识读器）和很多应答器（或标签）组成。通常，询问器在一个区域发射无线电波形成电磁场，射频标签位于这个区域时检测到询问器的信号后发送存储的数据，询问器接收射频标签发送的信号，解码并校验数据的准确性以达到识别的目的。这表示系统可以方便地掌握哪些衣服需要补货，以提高库存管理效率，还可以提高顾客的服务体验，并加强安保。快速补货对提高公司运营效率至关重要，如某款服装总是被迅速抢光或某一尺码在某地经常缺货等，快速补货便能解决这些问题。

综合练习

一、判断题

1. 调价作业有两种，即进价调整和售价调整。（ ）

2. 已变质、受损、破包、受污染、过期、条码错误的商品严禁出售。（ ）

3. 需要补货时，应当保持陈列货架的清洁。（ ）

4. 补货只有一种形式，即定时补货。（ ）

5. 盘点时两人一组，一人盘商品，一人记录。 （ ）

二、问答题

1. 商品补货的操作流程是什么？
2. 商品盘点的原则有哪些？

三、实训题

请每位同学都参与一次店铺的商品定期全面盘点作业，最后写出盘点的过程和参加这次盘点作业的感想。

课题3 店 铺 销 售

管理店铺，做好销售，要从制订销售计划开始。服务督查是计划执行的保证，店铺负责人需要以巡店的方式管理、督促、检查员工的工作状况，发现问题及时解决。及时分析销售情况、总结原因，是销售业绩提升的关键。

一、制订销售计划

1. 销售计划的内容

（1）市场分析

市场分析是对所经营店铺的市场、商品、竞争状况、消费行为特点等的销售历史、现状以及未来发展的高度概括和总结。它是店铺所作决策的指导性纲要。

（2）销售目标

店铺的销售目标可分为定性目标和定量目标两种。定性目标主要包括店铺的市场形象、店员的服务质量、市场竞争地位等。店铺所经营商品的市场占有率、营业收入的额度、利润、投资回报率等属于定量目标。

（3）销售行动计划

一个良好的销售行动计划应明确规定销售活动内容、主要负责人、活动开始和结束日期、活动费用预算、活动日程安排以及绩效评估方法等，它为实现销售目标制定了具体的行动步骤。

2. 销售计划的制订流程

（1）收集信息

制订店铺销售计划需要了解店铺周边的环境、顾客满意度情况，收集顾客和相关专家对店铺的意见和建议，这些信息的获取可以通过市场调查、座谈会、访问等多种方式来进行。

（2）SWOT 分析

通过 SWOT 分析，明确店铺具有的优势（Strength）和劣势（Weakness），面临的机会（Opportunity）和威胁（Threat），为制定店铺目标奠定基础。

（3）目标设定

这里的目标主要是指店铺阶段运营要达到的基本指标，如销售预算总额、利润率、预算毛利额、预算毛利率等。

目标设定时要注意以下几点：

1）具体。目标不可以太笼统，要具体，这样才有利于管理，有利于目标的实现。店长在确定店铺的销售目标时不但要有总的目标，而且一定要将其细化到每个月甚至每一天，如每一个营业员每天要完成多少销售量？要向多少位顾客销售多高的营业额才能完成？

2）可衡量。目标须量化，这样才有实际指导意义。有了具体的数字就可以让店铺工作人员很直观地知道每天应完成的目标。

3）可实现。目标虽然应有一定高度，但不能过于夸张，店长一定要根据店铺的客观情况、店员的实际水平以及各种相关因素制定销售目标。

4）现实。销售目标应与实际销售工作密切结合，使其充分体现在实际销售过程中。在设定目标时，要仔细分析实际情况，将那些亟须改进、直接影响销售成果的因素首先设定在目标中。

5）限时。设定的目标要有时间限制，这样才不会因实施过程过长而无法衡量。一个没有时间限制的目标是一个无效的目标。

6）一致。区域销售目标要服务和服从于整体营销目标。

（4）制定销售策略

销售策略一般包括销售能力、商品选择、价格策略、促销策略、竞争策略等几个方面。

（5）起草计划

起草销售计划时要考虑到店铺的销售思路、销售预测、市场潜力预测、店铺目标、费用预算等因素，使它成为一个有效的、切实可行的销售计划。

（6）跟踪和控制系统

店长在制订销售计划时，还需要考虑如何跟踪和控制上述内容。这需要建立相应的销售信息系统，并定期检查以确保该计划的实现。最常见的办法是店长将销售计划规定的目标和预算按月份或季度分解，汇总上报，便于上级进行有效的监督检查，同时有利于督促未完成的部门和个人改进工作，以确保计划的有效实施。与此同时，店长还应注意市场变化，定期更新计划以响应市场环境的变化。

二、服务督查

店铺管理有店长巡店督查和管理员随机督查两种方式。督查的内容主要有以下几个方面。

1. 督查接待顾客服务流程是否完善

（1）热情招呼、捕捉时机

顾客临柜，营业员应面向顾客，面带微笑（微笑要发自内心，要自然，表达的是“看到您很高兴，我愿意随时为您服务”），并使用招呼用语（如“您好！欢迎光临”），做到随时准备为顾客服务。

以下情况可走近顾客，并主动招呼顾客：

1）当顾客在柜台前脚步放缓并浏览商品时。

2）当顾客长时间凝视某一种商品时。

3）当顾客触摸某一种商品时。

4）当顾客抬起头与营业员的目光相对时。

5）当顾客的目光在搜寻时（顾客好像在找什么东西）。

（2）判断顾客来意

营业员应采用灵活多样的技巧，接待不同身份、不同爱好的顾客：

1）接待新顾客——注重礼貌。

2）接待老顾客——注重热情。

3）接待急顾客——注重快捷。

4）接待女性顾客——注重新颖、漂亮。

5）接待老年顾客——注重方便、实用。

（3）介绍、拿递、演示商品

1）面对顾客时，要微笑、亲切地看着顾客讲话。用语："您好，您需要看些什么""我帮您拿一下""请稍等""这个商品的特点是……""我给您试一下"等。

2）当顾客代人购买服装、鞋类等商品，而又不能明确商品型号、大小、颜色时，应仔细了解穿着者的体型、爱好等详细情况，最好能与现场人员的体型、商品的大小、商品的颜色进行比较，协助顾客做出较为准确的判断。

3）耐心、细致地解答顾客提出的问题，善于突出门店经营的特色、商品的特性，坚定顾客的购买信心。

在这一个阶段特别要注意的是，介绍商品应实事求是，讲清重点和要点，还要有连贯性，不要问一句答一句；拿递商品要轻拿轻放；同时，应对公司、商场、楼层组织的促销活动进行宣传。

（4）促成生意并介绍关联商品

顾客在购买商品时往往会产生"这个商品的款式是不是过时了""这个商品的质量怎么样"等顾虑，营业员要针对顾客的顾虑进行讲解，努力促成生意。此外，营业员还应注意关联商品的介绍，如购买相机时提示顾客是否购买电池和存储卡等。

（5）顾客需求评审、开具售货小票

营业员在形成合同（开具售货小票）前要进行评审，评审内容包括：根据顾客的需要查询柜台和周转仓是否有现货，数量是否能满足顾客的需求，所售商品的款式、颜色、性能、质量等方面能否满足顾客的要求。此过程应迅速、利落，不可让顾客等待时间过长。

（6）付款、交付商品

顾客同意购买后，营业员在了解顾客是否持有 VIP 卡后，开售货小票，待顾客付款后收回并核对小票中的数量、金额、印章等无误后方能交付商品；此外，还应提示顾客检查商品数量、规格、型号、外观、配件及其他注意事项。

2. 督查服务是否规范

（1）检查服务举止是否规范

1）精神饱满站立服务，双目平视，双脚自然分开与肩同宽，挺胸、收腹。站立时双手交叉轻扣在下腹部，或双手交叉放于背后。不能驼背、耸肩、插兜，不能叉腰、交抱胸前。站立时不能斜靠在货架或柜台上。

2）不在店铺内搭肩、挽手、搂腰，需要顾客避让时应说“对不起”。

3）不随地吐痰、乱丢杂物，不当众挖耳、抠鼻、修剪指甲，不在店铺内脱鞋、伸懒腰。上班时间不哼歌、不吹口哨。

4）接待顾客时，咳嗽、打喷嚏应转向无人处，用手遮住，并说“对不起”。

5）各级管理人员不能在顾客面前斥责员工，员工之间不得在顾客面前争吵。

6）不在店铺内议论顾客以及其他同事的是非。

7）当有顾客询问时应停下手中的工作，面向顾客回答问题；当为顾客指示方向时，手臂伸直，五指并拢，不得用笔、转头、努嘴等方式为顾客指示方向。

（2）检查服务过程中的行为是否规范

1）必须为顾客提供完善、到位的服务，避免因服务问题产生退换货的情况。因为任何退换货既浪费顾客的时间，也有损店铺的信誉。

2）为顾客提供轻松、自由的购物氛围，不以过分热情的服务影响顾客的购物心情与行为。

3）根据顾客的活动情况灵活调整站位，最好与顾客保持 1.2 米的距离，不要长时间站立在一个位置，也不要总是站在顾客想挑选的商品旁边。

4）在顾客需要帮助时必须及时上前服务，绝不允许对顾客说“我正忙着”。

5）为顾客提供真诚的服务，如实介绍商品的产地、价格、性能、质量，不夸大其词。

6）当顾客为选购商品的品种、型号或特性犹豫不决时，应该提出明确的个人建议，帮助顾客决定，切忌模棱两可地答复，更不能请顾客先买回去试一下，不行再退换。

7）耐心、细致地解答顾客提出的问题，善于突出店铺经营特色或商品特色，坚定顾客的购买信心。

8）当顾客多次挑选某一商品而不购买时，应始终保持同样的服务态度，不得有丝毫的不耐烦和不高兴。

9）当顾客言行过激时，周围的员工应主动上前替当事员工向顾客赔礼道歉，并代其继续接待顾客，缓和现场气氛，如仍无法解决，应及时汇报当班负责人。

10）不得强行检查顾客物品，如有疑虑应及时向当班负责人反馈或提醒顾客是否忘了付款。

三、巡店

巡店是指店铺负责人对下属店铺进行实际店面巡查，检查店铺开张、陈列、形象、活动等，目的是及时发现问题解决问题。

1. 巡店的内容

（1）营业前的巡店

1）检查店员的仪容仪表、工作状态，如发现问题应及时纠正。

2）查询店铺上一日销售数据和库存数据。

3）检查店铺现场各个区域的陈列、地面卫生、标识等是否达到店铺规定的要求。

4）对当日的重点工作进行安排，查看、管理考勤，准备召开晨会。

5）详细分析上一日销售数据情况，结合同比和环比数据深入分析店铺运营上存在的不足，提出改进的办法，并进行书面记录，做好工作计划。

（2）营业中的巡店

1）详细查看店铺开业后各个区域的工作是否按晨会上提出的要求执行，及时指导改进，并根据早上的巡店情况安排部门开展本日的其他工作。

2）对早上安排给部门的工作进行进度检查并记录，对存在的不足及时调整；对店铺的现场加工等重要部门重点检查，确保准时、保质地完成商品陈列；对重点区域的促销人员进行检查，查看其服务状况。

3）查看商品缺货、商品陈列、店铺卫生及相关表格记录等情况。

(3)营业结束后的巡店

1)召开下午会议，听取工作部门负责人的本日工作总结，对店铺今日工作进行汇总并点评，安排明日工作内容和晨会重点。

2)巡视卖场，确认各项工作进展正常。

2. 巡店的要点

(1)巡店“五看”

一看陈列。看排面的大小、陈列是否规范整齐，POP 展示是否到位。

二看导购。看导购人员的仪容、专业水平和态度。

三看促销。看促销活动的过程，如堆头摆放是否合理、单品贡献等。

四看货品。看货品线是否齐全，价格是否有乱价行为。

五看机会。看店铺是否有通过促销增加销量的机会，与店铺主管积极沟通，从而寻求有效机会。

(2)巡店“八问”

一问销量。向导购、店铺管理人员问销量。

二问货品。了解新品上市反映情况、卖场有无其他新品活动、有无残损商品或存在质量问题的商品。

三问促销活动。问近期开展什么终端活动、是否执行、执行的效果如何。

四问卖场。了解近期是否有单店活动，店铺有什么支持政策等。

五问顾客。问顾客对商品的看法及使用感受，尤其是新品。

六问条码。问现有多少个条码、有无锁码单品、货源是否充足、是否需要补齐。

七问客情(即顾客的情绪)。观察导购人员与顾客相处是否融洽，与其他导购人员关系是否良好。

八问培训。了解导购人员对专业知识的掌握情况，观察其介绍时的动作和言辞，看有无缺点，并对其进行手把手的教导。

(3)巡店“四查”

一查销售数据。查看畅销商品及滞销商品的销售数据、近期主题活动的销售数据、新品的销售数据。畅销商品注意不要随便调整价格，要使价格稳定，以保持优势。滞销商品争取不要马上锁住清退，可利用排面特价及赠品资源进行促销。

二查库存。查看现有多少库存商品，货架情况如何，有无缺货现象。大库存商品第一时间要想办法消化库存，避免退货。

三查促销物料。查看赠品是否发放，促销物料是否保管好，店铺的宣传资料是否到位。

四查导购报表。查看有无做报表，每周一是否报周销量。跟踪近期活动的销售动态，如在做什么促销活动，以及竞品的销售数据。

四、销售分析

零售业的销售分析主要是对关键销售数据进行分析，具体包括销售额、毛利额、毛利率、客单价、客流量、坪效、环比、同比等。

1. 销售额

销售额是指店铺销售商品的含税总金额。

销售额 = 销售单价 × 销售数量

2. 毛利额与毛利率

毛利额是指商品实现的不含税销售收入减去其不含税成本的差额。毛利率反映店铺每一元收入中含有多少毛利额，它是净利润的基础，表示的是一个比值，是一个相对数，它反映获利能力。

毛利额 = 不含税销售收入 - 不含税成本

毛利率 =（不含税销售收入 - 不含税成本）÷ 不含税销售收入 ×100%

3. 客单价与客流量

客单价是指在一定时期内每位顾客消费的平均金额。客流量是指在一定时期内到店的人次数。店铺的销售额由客单价和客流量决定，因此要提升店铺的销售额，除了尽可能多地吸引进店客流、增加顾客交易次数外，提高客单价也是非常重要的途径。

客单价 = 商品平均单价 × 每位顾客平均购买商品个数

4. 坪效

坪效是指店铺每坪的面积可以产出的销售额。

坪效 = 销售额 ÷ 店铺营业面积

5. 环比

环比反映连续 2 个单位周期内的量的变化。

本期数环比增长率 =（本期数 - 上期数）÷ 上期数 ×100%

6. 同比

一般情况下，同比是指今年第 n 月与去年第 n 月相比量的增长幅度。同比发展速度主要是为了消除季节变动的影响，用以说明本期发展水平与去年同期发展水平对比而达到的相对发展速度。

同比发展速度 =（本期发展水平 − 去年同期发展水平）÷ 去年同期发展水平 ×100%

知识拓展

规范的服务用语

1. 问候语

例如“您好”“欢迎光临”“请随意选购”。

2. 顾客进店后的招呼用语

当顾客进店后，其目光集中，直奔柜台，营业员应立即接待，主动打招呼：

“先生（小姐），您需要什么？我拿给您看。”

“欢迎光临，请随意参观选购。”

3. 顾客凝视或者浏览商品时的询问用语

当顾客长时间凝视某一种商品时，营业员可走过去说：

“先生（小姐），您想看看 ××（他 / 她所凝视的商品）吗？我拿给您。”

“小姐，××（她所凝视的商品）是新款，请您看看，适合您的。”

“先生，这款 ××（他所凝视的商品）是最新上市的，您看看吧，不买没关系。”

4. 顾客挑选商品时的介绍用语

当顾客细摸（细看）某一种商品时，营业员应自然地走过去，说：

“小姐，您想买 ××（她所摸过的商品）吗？我帮您选，好吗？”

“先生，这商品的性能 / 质地 / 规格 / 特点是……”

“这款商品是采用新工艺加工而成的，时下很流行，买回去馈赠亲友或自己用都很不错，您想看的是这款商品吗？”

“别着急，您慢慢挑选。”

“您仔细看看，不合适的话，我再给您拿。”

“这种颜色好吗？我再给您拿其他颜色的，您看怎样？”

“这款商品降价是因为是旧款，质量没问题。”

5. 顾客犹豫不决时的导购用语

当顾客选购商品犹豫不决时，营业员需要适时地进行引导：

"这款商品虽然价格偏高一些，但美观实用，很有地方特色，您买一个回去一定会受欢迎，我再给您拿价格低一点的看看，好吗？"

"这款商品在质量上绝对没问题，我们实行'三包'，如果质量有问题，可以来换，您先买回去和家人商量，不合适的话可以退换。"

"这款衣服色彩淡雅，跟您的肤色很相配，您穿很合适。"

"您如果不放心，可以去试穿一下。"

"您穿上这套服装更显得成熟、干练。"

6. 解答顾客询问时的答询用语

当顾客询问商品的其他信息时，营业员应进行耐心而有礼貌的解答：

"真不巧，您问的商品我们刚卖完，近期不会有，请您到其他商店再看看。"

"您问的这款商品很少有货，请您有空常来看看。"

"这款商品过两天会有，请您抽空来看看。"

"这款商品暂时缺货，请留下您的姓名及电话，有货后马上通知您，好吗？"

"对不起，我们商店不经营这种商品，请您到别的商店去看看。"

7. 成交结束时的用语

包装好商品后，营业员要有礼貌地交给顾客。在包装商品时，可以对顾客说：

"请等一下，我帮您包装好。"

"这款商品易碎，请您小心拿好，注意不要碰撞了。"

"这款商品容易弄脏（碰坏），请不要跟其他东西放在一起。"

"您买回去若不合适，请保存好，只要不损坏，可以拿回来退换。"

综合练习

一、判断题

1. 销售额是指商品实现的不含税销售收入减去其不含税成本的差额。 （ ）

2. 客单价是指在一定时期内每位顾客消费的平均金额。 ( )

3. 同比反映的是本期比上期增长了多少。 ( )

4. 销售分析的第一步是要分析数据。 ( )

5. 反映销售情况的重要数据只有销售额。 ( )

二、问答题

1. 销售计划的内容包括哪些?

2. 接待顾客的基本程序是什么?

3. 巡店的要点包括哪些?

三、实训题

某购物中心 2019 年 6 月营业总规模为 76.28 亿元，去年同期为 72.57 亿元，同比增长 5.1%；剔除新增 4 家企业因素，同比增长 2.6%；5 月营业总规模为 82.09 亿元，环比减少 7.6%。1 至 6 月营业总收入达 602.04 亿元，同比增长 3.2%，剔除批发同比增长 5.2%。

请列出这份报告中与销售有关的数据。

课题 4 店铺促销

促销是指卖场运用各种沟通方式、手段向渠道或消费者传递商品（或服务）信息，实现双向沟通，使渠道或消费者对卖场及其商品（或服务）产生兴趣、好感与信任，进而做出购买决策的活动。促销是店铺经营中必不可少的营销活动，店铺通过促销活动吸引消费者购买商品，提升店铺销售额。

一、促销的功能

1. 沟通功能

促销的要素是信息、说服与沟通，所以促销的本质是一种说服性的沟通活动。促销可以给顾客带来新鲜感，提升其对品牌的忠诚度，加深顾客对某商品品牌的印象，间接提升店铺的品牌形象。

2. 销售功能

促销能够提高顾客购买数量和购买频率，鼓励顾客大量购买以迅速提升店铺整体销售量，此外还可以促进过时商品、积压商品清库，降低店铺库存。

3. 激励功能

促销可以带动客流量，争取潜在顾客尝试性购买，从而增强顾客的认知度，扩大消费群体，产生额外的销售。

4. 竞争功能

促销可以提高顾客忠诚度，吸引竞争对手的顾客，使其改变既有的消费习惯，打击竞争对手。

5. 协调功能

促销能够加强店铺与供应商、媒体等的合作，协调彼此的利益。

二、促销的原则

1. 明确目标和整体安排原则：年度促销规划要具有连贯性。
2. 充分利用供应商资源原则：关注定制的促销方案。
3. 商品季节性展示原则："季节为大"原则——根据季节展示相应商品。
4. 节庆日、纪念日造势原则：顺势造势、借势造势，扩大影响，引发购买。
5. 新品上市推介原则：新商品上市必须进行促销推介。
6. 商圈竞争性原则：必须有确定的竞争对手，要找到商圈内具体的竞争对手。
7. 现场互动原则：69% 的购买是现场决定的，增加与顾客互动可以促进购买。

三、促销的种类

1. 按照促销计划的时间长短分类

（1）长期性促销计划：选定一个全年的促销主题，在不同时期制定一系列促销活动，如全年节日促销计划等。

（2）短期促销计划：如新店开张、周年店庆的促销计划，配合社会性、政治性事件发生的促销活动等。

2. 按照促销的形式分类

（1）大型节假日促销：如元旦促销、妇女节促销、端午节促销、国庆节促销等。

（2）主题性促销：针对某一品类商品或事件而组织的专项性主题促销，如重要节日促销、新店开业促销、厂商联合促销、卖场主打商品促销等。

（3）常规性促销：除了大型节假日促销和主题性促销以外，为了活跃现场气氛，围绕某一特定目的或市场变化开展的小规模促销可称之为常规性促销，如周末提升人气和销量的小型促销、针对竞争对手的应对性促销、针对库存的专项促销、新品促销、针对区域有重大活动或节日的借势性促销等。

3. 按照促销的方法分类

（1）有奖促销：通过设立奖项促进商品销售。

（2）游戏促销：设计体验游戏，顾客通过参与产生购买欲望。

（3）会员制促销：给会员一定的优惠来促进会员购买。

（4）试用促销：通过让消费者免费试用商品促进购买。

（5）换新促销：卖场新上商品的促销。

（6）联合促销：与生产厂商联合举行的促销打折等活动。

（7）赞助促销：由第三方赞助的促销活动。

（8）融资促销：与金融融资结合的分期付款等促销形式。

（9）积分促销：购买商品给予相应的积分，达到一定积分享受一定优惠的促销形式。

（10）降价促销：直接降低商品价格来促进销售。

四、促销策划方案

促销策划方案既是整个促销活动的行动指南，又是促销工作人员的主要工作手册。促销策划方案的主要内容包括：

1. 促销活动背景

说明店铺的销售情况、销售战略以及店铺所面临的内部和外部形势，基于什么现状要开展这个活动，为什么要开展这个活动。

2. 促销活动主题

促销活动主题可以狭义理解为促销活动广告语，使得受众加深对本次活动的印象。广告语的设置不能偏离店铺以及促销活动本身。

3. 促销活动时间

促销活动的时间不宜过长，否则会影响消费者的参与兴趣。不同的时期要配合不同的推广，使活动达到事半功倍的效果。

4. 促销活动地点

促销活动地点指促销活动举办的地方。

5. 促销方式（扫描右侧二维码可观看视频）

依据促销目的选择合适的促销方式。

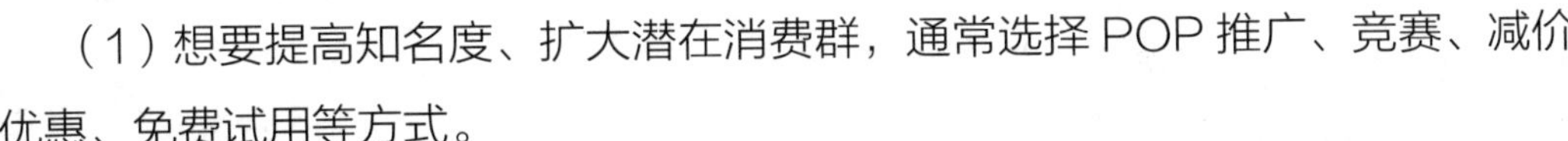

（1）想要提高知名度、扩大潜在消费群，通常选择 POP 推广、竞赛、减价优惠、免费试用等方式。

（2）想要提高人均购买次数或人均购买量，通常采用赠品、折价券、减价优惠、酬谢包装等方式。

（3）想要保持固定的消费群，通常采用酬谢包装、会员制、印花累计等方式。

（4）想要鼓励消费者进行品种的转换和尝试，通常采用样品派送、附赠赠品、以旧换新等方式。

6. 促销宣传媒介

目前店铺促销常用的宣传媒介有立地展示，悬挂式展示，壁面式展示，贴纸，店铺有声广告，电视、电台、报纸、杂志四大媒体广告，互联网广告，POP 广告等。选择媒介时要衡量备选的媒介是否适合整体的促销策略，考虑的因素包括媒介的成本、媒介受众的特征、媒介策略与整体促销因素的配合、媒介的地域特征以及媒介的时间性等。

7. 促销活动步骤

可以把促销活动的整个流程图画出来，注明每个流程的时间，包括前期准备、中期操作和后期延续。

8. 促销费用预算

在有限的费用预算下，综合考虑各种因素，尽可能使促销的效果发挥到最大。

9. 意外防范

针对可能出现的意外事件，事先制定出人力、物力、财力等方面的防范措施。

10. 促销效果评估

促销活动结束后，评估此次促销是否达到预期的促销目标，对投入和产出进行分析，对促销活动进行总结。

知识拓展

店铺促销活动决策须考虑的市场因素

1. 商圈特征

商圈特征包括商圈的人口结构、消费习性、经济能力、生活习性等。商圈的知名度越高，促销活动的效果会越好。

2. 促销时机

促销时机即促销的最佳时间，可以定在节日、庆典、时事热点期、同业活动时期，促销持续时间的设计也很重要。

3. 竞争状况

店铺在开展促销活动时要考虑同行业其他店铺的服务方式、价格、活动、顾客、优势和劣势。

4. 业绩指标

店铺在开展促销活动时应考虑需要完成的业绩指标。

典型案例

××品牌劳动节“3+1天狂欢购”活动策划

一、促销活动目的

利用黄金假期开展大规模促销活动，提高产品销量，消化库存和换季产品，刺激渠道的活跃性，并有效掌握客户资料。

二、促销活动对象

××品牌的目标消费群。

三、促销活动时间

20×× 年 5 月 1—4 日，根据需要可适当延长促销时间，保证促销活动最大量接触消费者。

四、促销活动方式

运用价格优势，采用多重优惠组合，宣传品牌，树立品牌形象。

五、促销活动主题

劳动节“3+1 天狂欢购”。

六、促销活动产品

×× 品牌各系列特价产品。

七、促销活动策略

本次劳动节促销活动以向消费者让利为主要操作手段。为了完整展示 ×× 品牌产品线，向消费者全面传达品牌形象，此次促销活动将针对所有终端销售产品进行。库存产品折扣力度放大，以产生足够销量；新上市产品适当让利，以与消费者终端接触为目的，并产生一定的销量。考虑到在劳动节期间各大商场会针对女性消费者推出各种主题促销低价折让活动，为避免与这些活动没有区分度，本次活动将采取三种促销内容叠加的方案，以“四重大礼送你惊喜”为主题副标，多重利益吸引消费者购买。

1. 曾经买过，一定送（第一重礼）：如果顾客曾经购买过 ×× 品牌产品，凭累积 300 元购物票据到营业网点换取彩棉袜一双。

2. 现在购买，立刻送（第二重礼）：劳动节 4 天内购买指定产品均享受劳动节快乐价。购买任意 ×× 品牌产品，满 200 元送内裤一条。

3. 特款特价，特别送（第三重礼）：公司将向经销商提供特价产品，特价产品涵盖内衣、线衫、裤类、内裤、家居、衬衫等。特价产品详单及供货价、市场销售价由客服部提供。

4. 即使不买，还能送（第四重礼）：用一个高价值的美容用品作为一等奖奖品加强促销活动，与女性目标消费者的心理需求关联，以此吸引消费者进行品牌接触，创造线下传播及尝试性购买的可能性。此外，到 ×× 品牌专柜的顾客即使不买东西只要愿意填写顾客资料也可以参加抽奖活动。

奖品设置：一等奖为价值 400 元的美容护肤品（也可用价值比较高的 ×× 产品替代），二等奖为 ×× 品牌彩棉内裤一条或同品牌等值产品，三等奖为 ×× 品牌袜子一双或同品牌等值产品。

八、促销活动准备

1. 活动期间活动点派销售人员在各大商场入口处派发活动 DM 单页。

2. 活动门店或专卖店于 4 月 30 日营业结束后在店内悬挂活动主题吊旗，张贴海报，用于吸引消费者并烘托主题促销活动氛围。

3. 各活动点醒目处放置主题背景及内容说明物料一个（展架或其他物料）。

4. 活动面积不少于 50 平方米，可选择商场门前或步行街的露天广场，也可选择商场内的活动广场。场地要提前洽谈。

5. 为加强活动的吸引力，活跃现场的气氛，客户可在活动场地举办模特走秀、歌舞表演或当地老百姓喜欢的特色娱乐活动。准备工作包括现场舞台的搭建、主持人的挑选、演员的确定、娱乐活动内容的选择等。

6. 场地要求：场地中央可搭建 T 型台，后面制作大型背景喷绘。T 型台可以用来走秀、表演节目。T 型台周围放若干辆花车，货品全部放在花车与 T 型台之间。现场所有能利用的地方都要有 ×× 品牌的广告喷绘。

九、人员安排

本次活动由各地经销商按照方案自行操作，为保障此次活动的顺利执行，针对活动执行过程中的两个细节，需要指定专人负责：

1. 单页派发人员：活动期间每天在营业时间于活动场地人流量最大的通道派发 DM 单页，负责向女性消费者传递活动的第一手信息。工作人员要求形象、气质佳，着装整洁，并配有 ×× 品牌明显标志。

2. 活动检查人员：活动期间各大区派出人员进行活动检查，如发现经销商操作上的一些偏差行为即刻调整，保证各地活动同步进行。

综合练习

一、判断题

1. 促销能够加强店铺与供应商、媒体等的合作。（ ）

2. 元旦促销属于大型节假日促销。（ ）

3. 衡量备选的媒介是否适合整体的促销策略是选择媒介的重要环节。（ ）

4. 促销活动的时间应尽量长些，这样才能达到更好的效果。（　　）

5. 促销策划方案既是整个促销活动的行动指南，又是促销工作人员的主要工作手册。（　　）

二、问答题

1. 促销的原则有哪些？

2. 促销策划方案的主要内容包括哪些？

三、实训题

请同学试着找一家地处繁华地段的店铺，协助店铺进行节日促销策划活动，最后将这次活动情况以 PPT 的形式向全班展示。

课题 5　店 铺 收 银

收银是店铺一个非常重要的岗位，也是展现店铺员工业务能力和服务水平的窗口。收银员要清楚地了解自己的主要职责，为实施规范化收银服务打好基础。

一、收银员的主要职责

1. 能熟练进行收银员的基本作业，坚持唱收、唱付、唱找，准确、迅速地点收货款。

2. 为顾客提供咨询服务、装袋服务、礼盒包装服务等。

3. 妥善保管好营业款，在上级规定时间内解款，确保货款安全。

4. 做好记账、报账、对账工作，及时处理悬账，做到账证、账账、账表、账物相符。

5. 经常检查并保养收银设备。

6. 配合店铺做好安全管理工作。

7. 如在工作中发现问题，应及时向店长或上级主管部门汇报。

二、收银作业规范（扫描左侧二维码可观看视频）

1. 收银员仪容仪表

（1）制服整洁

收银员的制服（如衣服、鞋袜、领结等）必须保持整洁、不起皱。收银员上岗时必须按规定在统一的位置上佩戴好工号牌。

（2）发型清爽

收银员无论是长发还是短发都应梳理整齐。

（3）妆容适度

女性收银员适度地施淡妆可以让自己显得更有朝气，但切勿浓妆艳抹，造成与顾客的距离感。

（4）双手干净

若收银员的指甲藏污纳垢或者涂过于鲜艳的指甲油，都会使顾客感觉不舒服，同时过长的指甲也会给收银工作带来不便。

2. 营业前的作业规范

（1）收银员穿着工装到店后，将自带钱物另行保管，不得带私款进入收银区。

（2）进入收银区后整理收银台和责任区域。

（3）准备好收银必备物品，如购物袋、电脑打印纸、手工账簿、笔、回形针、订书机、胶带、纸币等，并打开验钞机。

（4）按顺序逐个打开 UPS 电源、收款机、打印机等，检查收银设备是否运转正常，检查收银机当前日期、时间是否正常，如有异常应报告公司信息部。

（5）现场财务人员将准备好的备用金交给收银员，收银员清点并签字确认。

（6）打开收银通道，正式开始收银工作。

3. 营业中的作业规范

（1）输入待收商品的商品资料，如编码、助记码、条形码等。

（2）核对商品记录（如商品的品名、规范、产地、价格等）无误。

（3）核对顾客待购商品的数量，注意商品的包装单位。

（4）确定待收金额，并礼貌地对顾客报出待收金额。

（5）收款。如有大额现金，注意验钞。

（6）结账，打印购物小票。

（7）如需找零则进行找零操作。

（8）完成现金操作必须马上关闭钱箱，否则无法进行下一步操作。

（9）包装商品，注意按商品特性进行分类包装。

（10）微笑致谢顾客并完成本次的收银操作。

4. 营业结束后的作业规范

（1）早班交班，收银员在收银台展示“暂停收银”的作业指示牌。

（2）晚班交班应在所有顾客离开后进行。由当班店长进行收银交班操作，收银人员不得查看当班交班单据，交班单据由监督人收取。

（3）收银员将收银钱箱里的营业款全部取出，放至小钱箱锁上并检查收银机钱箱内是否有余款。在整个过程中，收银员的存取工作要快速、稳定地进行，收银员不得在此过程中点计营业款数，收银员锁上钱箱保留锁匙，钱箱由监察员送往现场财务核款。

（4）收银员与现场财务人员当场清点当班营业款项，如有款项长短等问题，按公司财务规范中的长短款作业处理，所有款项（包括备用找零款）均须交回现场财务处。

（5）所有促销、优惠或会员兑换等礼券、兑换券、优惠券等必须按相关规定装订完整，交现场财务审核。有需要的做登记处理，同时要有当班负责人签字确认。

三、处理收银中的问题

1. 收银员前期准备工作不足（如签字笔没墨水、信息小票用完等）

导致结果：现场宣传和销售受影响。

解决方法：销售用品预先发放，由柜长统一保管；部分低值易耗品由柜组自行组织购买，费用自理（如胶水等）。

2. 顾客排队时间长

导致结果：收银区域拥挤，顾客抱怨。

解决方法：强化对收银员工作流程的培训，提高工作效率；多增加收银机和收银人员；由保安人员做好人员疏导工作。

3. 收银人员对促销活动不了解，不清楚有关抵用金的使用规范和折让商品的操作规范

导致结果：不能准确收银，降低收银效率，造成顾客大量排队。

解决方法：制定促销活动操作规范，强化收银人员培训；销售人员在备注栏中标明促销信息。

4. 收银员零钱不够

导致结果：收银工作不能顺利完成。

解决方法：财务主管事先备足零钱，做好零钱发放工作；收银员在收款时可提醒顾客付零钱，增强零钱的使用效率；不同收银员之间紧急调换；以柜组为单位动员店铺员工紧急增援，做好登记，营业后归还。

5. 发现假钞，或无法判断钞币的真假

导致结果：收银工作不能顺利完成。

解决方法：请顾客换一张；报请财务主管处理。

6. 收进假币

导致结果：给公司财产造成损失。

解决方法：当事人赔偿；在确认该收银员无错的情况下，由店铺经理通过调控做一些经济补偿。

7. 顾客信用卡刷不出

导致结果：影响顾客付款。

解决方法：检查 POS 机是否有问题；指点顾客到附近的银行提款；大额的销售可以由店铺人员陪同顾客前往，来回车费可报销或折让价格。

如何处理 IC 卡遇到的问题

1. 接触式 IC 卡交易时，何时才能拔卡？

一定要等单据打印后才可以拔出卡片，提前拔出会导致交易失败。

2. 电子现金余额明明大于消费金额，为何交易时显示余额不足？

部分厂商对终端程序做了个性化调整，限定电子现金余额必须大于交易金额2倍时才能完成交易。这种情况下可督促厂商更新程序，取消限制。

3. “闪卡”处理

“闪卡”是指IC卡卡内余额扣除，但店铺终端上提示交易失败。一般情况下，发卡行会帮发生闪卡的持卡人做记录，并在一个月之后将闪卡金额补给持卡人。不同发卡行关于闪卡的处理方式也存在差异。

综合练习

一、判断题

1. 收银员要熟悉促销商品的价格和促销内容。（　　）
2. 收银员不必为顾客提供咨询和礼仪服务。（　　）
3. 收银员要妥善保管好营业款，在上级规定的时间内解款，确保货款安全。（　　）
4. 营业结束后收银机的抽屉必须开启，直至明日营业开始。（　　）
5. 收银员不要求站立工作，只要求坚持唱收、唱付、唱找，准确、迅速地点收货款。（　　）

二、问答题

1. 请找出以下情景中收银员犯了什么错误？

一位顾客买了很多商品，结账时，他先点了一遍现金，然后交给收银员，收银员也点了一遍且辨别了真伪，此时该顾客又要求自己再点一遍。当顾客再次清点时，乘收银员不注意，迅速换了一张假钞进来，而后装作很不好意思的样子说“对的”。当收银员再次收到这笔钱款时没有复点和验真，直接收款完成收银工作。

2. 如果你是收银主管，你该如何处理下述投诉？

顾客张某到某超市购物，共花费1 002.7元。张某递给收银员11张面值100元的钞票，收银员将零钱递给张某并将清单交给他。张某当面未清点零钱，上车后张某把零钱拿出来发现只有47.3元。他找到收银员，收银员解释：“我找给您97.3元，您再仔细找找，是不是丢在什么地方了？”张某回答：“我刚从这里出门，根本没有去其他地方。”收银员强调：“钱款必须当面清点，一出柜台我就无法负责了。”张某表示不满：“你当时根本没告诉我找了多少钱。”双方争执不下，张某找到超市收银主管投诉。

3. 收银检查的内容包括哪些？

三、实训题

1. 请全班同学按收银员的要求做一次仪容仪表的准备，在第二天的“店铺经营与管理”课堂上互相检查。

2. 请教师将全班同学分为两组，在实训中心的收银台前一组同学进行收银作业流程示范，另一组同学检查其作业是否符合规范。

模块四　店铺安全与防损管理

店铺安全包括人、财、物的安全，店铺安全管理要遵循“预防为主、防治结合”的原则。店长是店铺安全的第一责任人，店铺全体员工都要严格遵守安全管理的规定，防患于未然。店铺在努力经营获得利润的同时，要做好防损管理，防止利润流失。

学习目标

1. 掌握店铺安全管理的内容、安全防范的方法、防盗窃的方法及防损的基本方法。

2. 能够正确开展安全防范、应对突发事件，能够正确进行防盗和开展防损。

课题1 店铺安全管理

"安全无小事"是所有经营者的共识，店铺安全防范工作不能轻视。面对意外时，即使平时已有完善的防范措施，仍然可能有无法控制的不安全因素产生。为了尽量避免和减少人员的伤亡及财物的损失，店铺要把安全放在第一位。

一、店铺安全管理的含义

店铺安全是指店铺及顾客、员工的人身和财物在店铺所控制的范围内没有危险，也没有其他因素会导致危险。店铺安全管理是指店铺安排专职安全人员，以物理或技术手段预防安全事故的发生。

二、店长在安全管理中的主要职责

1. 具体贯彻落实店铺各项安全制度和安全措施，遵守各项安全制度，在组织本店员工工作时要向员工交代安全防范事项，制定可靠的安全防范措施。

2. 定期组织开展安全检查，及时消除安全隐患。

3. 定期对员工进行安全知识培训。

4. 坚持每日班前、班后的安全检查，发现问题及时解决。对解决不了的隐患必须当日上报上级营运部，并设置专项安全检查记录本，做到有记录可查。

5. 发生各种灾害和突发事件要积极组织施救，并及时报警，协助领导调查事故原因，要实事求是，不得隐瞒。

三、店铺员工在安全管理中的主要职责

1. 自觉遵守各项安全制度和操作规范，努力学习安全知识，提高自身的安全意识和安全事故的处理能力。

2. 发现问题及时汇报，并有权制止任何违反安全规章制度的行为。

3. 坚持每日营业前、营业后的安全检查，发现问题及时解决。对解决不了的隐患必须当日上报店长，并设置专项安全检查记录本，做到有记录可查。

4. 发现安全事故后积极救援并及时报警，协助领导调查事故原因，提供情况要实事求是，不隐瞒事实真相。

5. 每日结束营业后，要对店铺进行安全检查，切断电源，关闭门窗，废纸随时清理，不在室内存放易燃物品。

6. 不以任何理由损坏消防栓等安全设备，安全责任人须定期检查、更换消防器材。

此外，副店长（或安全保卫部）对整个店面和店铺办公室负安全管理责任，督导对本品类的区域负安全管理责任，营业员、促销员、收银员、仓库管理人员对各自负责的岗位区域负安全责任，电工、防损员对整个店面的物业、消防及店外设施负安全管理责任。

四、店铺安全管理流程

1. 制定安全管理措施

（1）防火安全措施

1）员工应加强消防安全意识，遵循“安全第一”的原则。

2）加强培训，使员工具备一般灭火常识和简单的避险、救护常识。

3）物品摆放严禁堵塞消防通道，挡住消防器材、电闸，物品与照明灯、电闸、开关之间应保持一定的距离。

4）设立紧急出口及安全门并随时保持通畅，若店铺无其他出口时，大门口应保持畅通。

5）灭火器应依消防规定置于店铺明显处，设置足量的灭火器并定期检查。

6）清理垃圾时应确定其中无火种等易燃物。

7）店铺员工不准在店铺吸烟，遇有顾客吸烟时应提醒顾客至指定区域吸烟

并注意熄灭烟头。

8）定期（如每半年一次）实施消防演习（含灭火器的使用）。

9）照明设备不可放置于易燃物旁。

10）可装设火灾感应器（应按相关法规执行）。

（2）用电安全措施

1）在工作中使用带电设备、设施或工具时，应按照有关规定操作，严禁危险作业。

2）全体店员都应知道总电源开关和灭火器的位置。

3）随时检验插座、插头的绝缘体是否脱落损坏，不准出现裸露电线头的情况。

4）严禁用湿毛巾擦拭带电设备及照明灯具。

5）店铺内严禁使用明火，不可乱接乱搭电线或超负荷用电。

6）店长是店铺的安全责任人，发生事故应立刻切断总电源，在安全保卫部的协助下疏散员工和顾客，并将店铺情况向上级汇报。

（3）现金安全措施

1）店铺不应留存大量现金，应做到“日清日结”，每日营业收入应在当天存入店铺指定银行账户，未能及时存入银行的，在营业结束后须放入店铺保险柜中，并于次日及时存入银行。

2）收银员当班时，若有事要离开，应将收银机上锁。

3）设置专人负责管理收银机。

4）每日清机时，店长必须在场。

5）确保有详细与准确的现金、银行卡及支票的记录。

6）出现误打、退款、商品退换等情况应请店长处理。

（4）抢劫的预防措施

1）安装监视器或安全系统。

2）大面额的钞票应分开存放或随时投入保险柜内。

3）尽量保持店内的明亮度。

4）保持店内外的整齐，确保不凌乱。

5）不得堆置大量的物品，以免影响店面的能见度。

6）钱财放置处不要露出太多现金。

7）不要在顾客面前清点大量钞票。

8）留意在店外徘徊或鬼鬼祟祟的人。

9）提高警觉，发觉可疑人物时应迅速通知全体工作人员。

（5）意外伤害的预防措施

1）店内、店外打破的玻璃碎片及尖锐的破碎物应立即清扫干净。

2）受损或有裂痕的玻璃器具应用胶布暂时封住，或暂停使用。

3）登高作业时必须使用牢固的梯子。

4）不可站在纸箱、木箱或其他较软而易下陷、倾倒的物品上。

5）抬重物时应先将身体蹲下，再边站边抬起物品，不用背部力量抬起物品。

6）玻璃柜、亚克力柜不可放置过重物品，也不可将双手、上半身压在其上。

7）发现通道上有任何障碍物，应立即清除，以免撞到人或使人跌倒。

8）陈列架、POP 架等物品有突出的尖锐物时，应调整改善，以免伤人。

9）店内不可奔跑，应小心慢走。

（6）自然灾害的预防措施

1）随时了解中央、地方各单位的灾害预报。

2）了解附近地势及排水设施，并保证畅通。

3）建筑物天花板、门、窗应定时检查，如有漏水需整修。

4）注意检查紧急照明设施装置。

5）确保店内有留守人员并制定紧急联络人名单。

6）易受破坏的商品、资料、设备等物品应便于移到安全处。

2. 检查安全管理措施的落实

店长须定时监督检查店铺安全并责令相关人员整改。员工是店铺安全工作的具体负责人，每个人都应该树立良好的安全防范意识。维持一个安全的工作环境是店铺每位员工的工作职责。

值班店长或安全保卫部协助店长开展店铺安全的每日监督检查工作，依照店铺安全管理规范进行检查和预防，根据检查结果责令相关人员进行整改，将安全执行情况作为员工工作考核的标准之一。

店铺每周定期组织安全大检查，店长要定期对员工进行安全知识培训。每月由安全保卫部对店铺进行安全管理抽查。

知识拓展

常用的灭火器材

一、泡沫灭火器

泡沫灭火器适用于普通火灾与油类火灾，使用时将灭火器颠倒并左右摆动，使药剂混合，产生二氧化碳，拔去灭火器的插销，然后用手压开关。其缺点是容易造成污染，不可用于电气类火灾。泡沫灭火器每四个月需检查一次，药剂一年必须更换。

二、二氧化碳灭火器

二氧化碳灭火器适用于油类火灾与电气类火灾，使用的方法是先拔出保险插销，然后握住喇叭喷嘴前的木质把手，再压下阀门开关。其缺点是使用人员极易冻伤。二氧化碳灭火器每三个月检查一次，重量减少即重新灌充。

三、干粉灭火器

干粉灭火器适用于普通火灾、油类火灾和电气类火灾，使用的方法为拆断封条，拔起保险插销，喷嘴朝向火点并压下压板。干粉灭火器应每三个月检查一次压力表，压力表应维持在 150 ~ 200 磅，药剂有效时限为三年。

四、碱化烷灭火器

碱化烷灭火器适用于所有的火灾类型（如普通火灾、油类火灾、电气类火灾、金属类火灾等），对油类与电气类火灾特别有效，其容积小、效果好、不会腐蚀及导电，且药剂持久、没有污染，使用时将插销拔出即可喷射。

典型案例

店铺安全事故

2018 年，上海某电动车专卖店发生大火，该专卖店位于小区临街的一楼。事发时，有明火从屋内窜出，现场浓烟滚滚。接到报案后，公安、消防立即赶赴现场处置并疏散周边人员，两名经营人员获救，但专卖店老板夫妇和他们的孩子、老板的侄子、一个打工的小伙子不幸遇难。据调查，起火的原因是电线老化，电动车在店内充电引起火灾。

本次安全事故再一次为店铺经营者敲响了警钟：店铺要注意定期检查线路，防止线路老化；禁止超负荷用电；店内没有人时要断电；注意店内摆放，出入口预留足够空间，保证火灾发生时能及时逃生。

综合练习

一、判断题

1. 店铺安全是店铺一切工作的保障。（ ）
2. 带电设备及照明灯具应使用湿毛巾擦拭。（ ）
3. 发现通道上有任何障碍物时应立即报告，以免撞到人或使人跌倒。（ ）
4. 照明设备不可放置于易燃物旁。（ ）
5. 店铺安全管理是指店铺安排专职安全人员，以物理或技术手段预防安全事故的发生。（ ）

二、问答题

1. 店长在安全管理中的主要职责有哪些?
2. 店铺员工在安全管理中的主要职责有哪些?

三、实训题

请同学到家附近的店铺做一次义务安全协助员，查找店内的安全隐患，将参与情况做成 PPT 并以小组为单位向全班汇报。

课题2　店铺防损管理

店铺在经营过程中都会产生损耗，但产生损耗的原因各不相同，找到损耗的原因是防止损耗的关键。

一、商品损耗的含义及计算方法

商品损耗是指企业的商品、物资在运输、保管、销售过程中，发生定额内的损耗、自然损耗（或死亡）、经批准的非责任事故或非自然损耗造成的超定额损耗以及易碎品的伤损破碎损失等，但不包括由于责任事故、商品被盗、自然灾害等造成的损失。商品损耗的计算公式为：

损耗金额 = 库存的实盘金额 － 库存的账面金额 + 期间库存调整额损耗率

= 损耗金额 ÷ 未税销售额 ×100%

二、商品损耗的原因

一般来讲，商品损耗的原因主要有以下几种：

1. 店员没有按规范操作

宣传单上商品的价格没有与价格卡核对，宣传单商品价格低于价格卡，给店铺造成损失；商品调高价格后店员没有及时更新，仍以低价销售；店员没有明确的分工，仓库无专人负责，盘点不及时导致仓库商品损耗等。

2. 收银员没有按规范操作

促销活动已经结束，商品优惠时期已过，但收银员仍以优惠价格销售商品等。

3. 商品变质、损坏

（1）商品由于包装损坏等原因导致变质，商品因过期而无法销售。

（2）商品在陈列过程中由于陈列的方法不当引起商品损耗，如商品堆放位置不佳引起倒塌，造成商品损坏。

4. 收货时未能仔细验货

货物验收过程中未发现在运输途中损坏的商品导致的商品损耗。

5. 供应商行为不当

供应商误交供货数量，以低价商品冒充高价商品，随同退货商品夹带商品等。

6. 顾客行为不当

顾客不当的退货，顾客在购物过程中将商品污损等。

三、防止商品损耗的措施

1. 针对店员作业不规范造成的损耗

对策：加强店员作业管理，规范店员作业流程。

（1）店长应给店员以明确的分工，每天开店前做好准备工作，如检查宣传单上的价格与价格卡是否相符、强调商品调价情况等。

（2）安排专门人员进行监督，使仓库管理规范化，减少仓库里的损耗。

2. 针对收银员不当行为造成的损耗

对策：要严格规范收银员的作业，并制定相关的处罚条例。

3. 针对商品变质、损坏造成的损耗

对策：应注意检查商品的保质期，要科学、合理地陈列商品。

4. 针对货物验收过程中未发现在运输途中损坏的商品造成的损耗

对策：在收货过程中应认真仔细地检查。

5. 针对供应商不当行为造成的损耗

对策：规范供应商行为，注意检查。

（1）向供应商退货时，必须详细记录和检查。

（2）向供应商更换损坏商品时，须有退货单或先取得提货单，经部门主管批准后方可退换。

（3）供应商送货后的空箱必须打开，纸袋则要折平，以免偷带商品出店。

6. 针对顾客不当行为造成的损耗

对策：加强管理，注意顾客行为。

（1）派专门人员加强对卖场的巡视，尤其留意死角和多人聚集处。

（2）对贵重物品或小商品要设柜销售。

四、残损商品的处理

残损商品是指商品在流通过程中发生破损、短缺、质次、超保质期等而不能正常销售的商品。

对于发现的残损商品，处理方法如下：

1. 凡是质次、假冒伪劣、“三无”商品，或是供货商运输造成破损、短缺和低于临界保质天数的商品，均办理退货或调货。

2. 可以向供应商退换的商品，店铺及时装箱，由店铺派专人负责办理退换。对不能退换的残损商品，根据相应的规定分别做降价销售或报废处理。

店铺各环节防损

一、商品盘点环节的防损

1. 对高损耗的商品进行定期、连贯的盘点。

2. 制定所有店内商品的盘点策略，核对电脑中的库存量与店铺实际库存是否一致。

3. 及时做无销售商品报告及负数库存报告。

4. 做好价格变更的报告。

5. 每隔2～4周检查店铺所有的商品，查看是否有短缺、损耗。

二、商品陈列区的防损

1. 检查摆放区域是否标准。

2. 检查陈列区域是否标准。

3. 检查商品货架的摆放是否标准与安全。

4. 检查商品是否按先进先出原则放置。

三、收银过程的防损

1. 按收银程序收银。
2. 注意购物车底部是否有未结算的商品。
3. 检查隐藏商品，必要时开箱检查。
4. 防止偷换条形码。
5. 注意商品的销售单位。
6. 弄清不在系统中的商品是否在销售。
7. 当扫描出价格不一致的商品时，填写条形码问题表，并及时反馈解决。
8. 使用验钞机验钞。
9. 运用“3米问候”防止偷窃。

典型案例

物美区域防损经理李明的一天

物美区域防损经理李明每周一早上上班后开始浏览上周区域内11家店的各项数据和重大事件报告。报告显示：每月两次的区域鲜食盘点在上周进行，M市有一家店出现了“零毛利”情况，对比上个月利润下降了7%；上周五，D市某家商店员工H报告看见服务台员工G在没有顾客的情况下进行退款操作。

李明看完所有的信息后，与M市防损经理针对鲜食盘点“零毛利”进行讨论分析，从上次盘点到收货、销售、陈列、丢弃、本次盘点等各个环节逐一展开分析并给出他的调查思路和观点，希望在接下来的两天时间里店内展开调查，了解“零毛利”的真正原因，改善公司利润。随后，李明与D市店内的防损经理对上周的投诉展开调查，通过对监控记录的回顾，他们证实服务台员工G在没有顾客的情况下进行退款操作。当把退货处理时间和收银电子日志进行对比时发现，她在处理完退货后将退货款打入一张购物卡。通过面谈，G承认通过虚假退款窃取3 000元的事实。

作为一名物美区域防损经理，李明的主要职能是保护公司的资产，防止公司利润损失。现代超市防损经理人应该不仅是一名损耗控制专家，而且要成为一名运营专家、采购专家、财务专家、电脑专家、人力资源专家。

综合练习

一、判断题

1. 商品损耗包括商品被盗产生的损失。（ ）
2. 收银员漏扫商品会造成店铺损失。（ ）
3. 商品陈列与商品损耗没有关系。（ ）
4. 注意检查商品的保质期是防止商品损耗的重要手段。（ ）
5. 当扫描到价格不一致的商品时，收银员应及时反馈解决。（ ）

二、问答题

1. 什么是商品损耗?
2. 店铺商品损耗的原因有哪些?
3. 防止商品损耗的措施有哪些?

三、实训题

请同学帮助家 / 学校附近的一家店铺寻找产生商品损耗的原因。

课题 3　店铺防盗管理

店铺盗窃分为内盗和外盗两种。内盗是指店铺内部员工的盗窃行为，外盗是指进店顾客的盗窃行为。

一、防范员工盗窃（扫描右侧二维码可观看视频）

1. 员工盗窃的主要行为

（1）直接偷窃店铺的商品、赠品或用品。

（2）员工与员工或外人勾结，策划、协助、参与盗窃。

（3）偷吃店铺的商品或未经许可试吃。

（4）利用改换标签或包装，将贵重的商品以便宜的商品价格结账。

（5）私自将店铺售卖的文具、工具、用具拿来自己使用。

（6）未经过许可，私自使用或占有供应商提供的赠品。

（7）未经正常程序，故意将价格标低，使自己的朋友、亲人受惠。

（8）收银员从收银机中盗窃钱款。

（9）收银员为亲属、朋友等少结账或不结账。

（10）利用退货、退款等手段偷窃店铺钱款。

（11）员工接受供应商的回扣、礼品、用餐、消费等形式的馈赠。

2. 员工盗窃的防范措施

（1）利用早会、例会以及内部刊物和其他活动进行预防教育。

（2）加强人事部对新招聘员工的审查。

（3）建立内部举报制度。

（4）进行日常的防盗检查。

（5）制定严格的处罚办法并向员工公布，严格执行。

（6）规定员工购物的时间和方式及商品的出入手续，并接受管理人员的检查。

（7）安装电子监视系统。

3. 员工盗窃的处理方式

（1）证据取证：根据内盗现象，进一步进行取证核实。

（2）确定当事人：确定内盗的当事人，包括盗窃的执行者、协助者、策划者等。

（3）谈话记录：与当事人的谈话须做好记录，并让其确认、签印。

（4）处罚处理：根据盗窃性质执行店铺相应的处罚。

二、防范顾客盗窃

1. 顾客盗窃的主要行为

（1）利用衣服、提包等藏匿商品，不付账带出店铺。

（2）更换商品包装，用低价购买高价的商品。

（3）在大包装商品中藏匿其他小包装的商品。

（4）未付账享用店铺销售的商品。

（5）与店员相互勾结，进行盗窃活动。

（6）盗窃团伙的集体盗窃活动。

2. 顾客盗窃的防范原则

“宁可漏，不可错”是维持店铺工作正常进行、维护店铺形象和声誉的首要防盗原则。

3. 顾客盗窃的识别

顾客在选购商品时，一般是不慌不忙、平心静气地对商品的“三期”“三址”等信息进行了解，选择他所需要的、接近他消费水平的商品。而盗窃者则不同，他们选择商品时心不在焉、东张西望，以选择商品为掩护，观察四周的动静，看是否有机可乘。与顾客相比，他们往往会在店铺中东张西望，以寻找店铺无人的角落对商品进行藏匿，而后若无其事地走出收银处，所以他们在选购商品时显露出很强的随意性。

4. 顾客盗窃的防范措施

（1）便衣安全员

值班人员（经理、店长、保安）穿便衣在店内巡防是有效防止和发现顾客盗窃的手段。他们隐蔽性好、专业反扒能力强，是超市强有力的防盗队伍。

（2）店铺的防盗系统

店铺的防盗系统有防盗安全门系统、监视系统、张贴的各种警示标语、商品采用的安全标签、广播等。

（3）员工防盗意识的教育

店铺内要形成员工人人都是防盗员的风气。如果员工人人都有很强的防盗意识，盗窃者成功的机会将大大减少。

1）当发现可疑的顾客时，微笑向着顾客走去，进行商品整理、清洁或补货等工作，或主动同他打招呼，引起注意，从而制止犯罪。

2）当发现顾客已经有盗窃的种种迹象时，需要不动声色地跟踪，并立即通过电话、对讲机或其他同事报告给安全部，等待安全员来接替，决不能当面质疑顾客。

5. 顾客盗窃的处理方式

（1）让当事人将其偷窃行为叙述清楚并做好记录，让其确认、签印。

（2）在处理过程中严禁动手搜身，并注意表达方式。

（3）不要辱骂、殴打盗窃者，要做好善后处理工作，扣留时间不得超过两个小时。

（4）根据实际情况进行罚款，而后按店铺规定及时给发现盗窃者的员工奖励，提高其他员工防盗的积极性和主动性。

知识拓展

电子商品防盗系统

EAS（Electronic Article Surveillance）系统又称电子商品防盗系统，是目前大型零售行业广泛采用的商品安全系统之一。EAS系统主要由三部分组成：检测器、解码器和电子标签。电子标签分为软标签和硬标签。软标签成本较低，直接黏附在较“硬”的物体上，软标签不可重复使用。硬标签成本较软标签高，但可以重复使用。硬标签须配备专门的取钉器，多用于服装或柔软的、易穿透的商品。解码器多为非接触式设备，当收银员收银或者装袋时，电子标签无须接触消磁区域即可解码。未经解码的商品带离商场，在经过检测器装置（多为门状）时会触发警报。

典型案例

收 银 防 盗

一位顾客在某超市购买了一听售价2元的可口可乐，到柜台结账时给收银员一张面值为100元的钞票。收银员询问顾客是否有零钱，顾客表示没有。当收银员准备将钱放进收银机时，该顾客突然说："等一下，我好像有零钱。"收银员听后马上将100元还给了顾客。顾客从口袋掏出一些零散的钱，数了数只有1.6元左右，说"你找吧，不够。"收银员听后按照收银机上显示的金额找补给顾客。

收银员在交班点钱时发现营业款少了98元，经过仔细回想才想起来之前已将所收的100元还给了购买可口可乐的顾客。事后该店马上通知了所有的分店，以防止再发生此类事件。

综合练习

一、判断题

1. 当发现顾客偷窃商品时，店铺有权实行"偷一罚十"的规定。 （ ）
2. 严格管理购物小票是防范内盗的方法之一。 （ ）
3. 如果员工人人都有很强的防盗意识，盗窃者就会大大减少。 （ ）
4. 忘记付款也属于盗窃行为，应严格处理。 （ ）
5. 在处理顾客盗窃过程中严禁动手搜身。 （ ）

二、问答题

1. 店铺盗窃有哪几种？
2. 如何防范员工盗窃？
3. 如何防范顾客盗窃？

三、实训题

请同学选择家 / 学校附近的一家店铺，观察店铺内有哪些防盗漏洞。

模块五　店铺客户管理

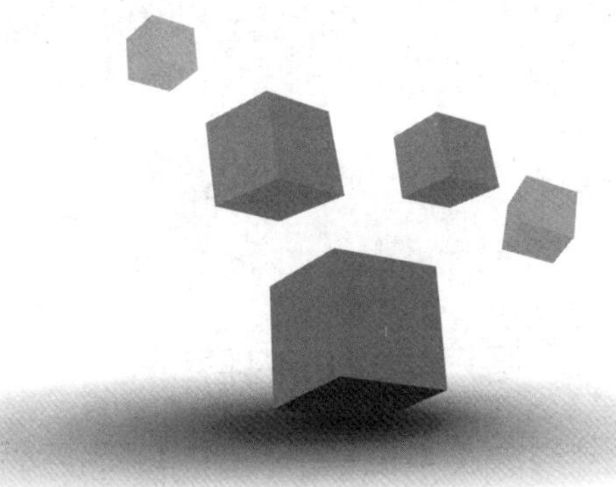

店铺利润需要通过客户购买来实现，只有充分了解客户，满足客户需求，才能吸引客户进店购买，因此店铺的客户管理越来越重要。

学习目标

1. 掌握客户信息管理、客户忠诚度和满意度管理以及客户投诉管理的方法。

2. 能够正确处理客户的投诉，实施客户信息管理和满意度管理，提升客户忠诚度。

课题1　客户信息管理

客户信息是指客户联系方式、客户喜好、客户细分、客户需求等关于客户的基本资料。客户信息数据库是为了所收集的客户数据资料能有助于店铺实现利润、服务销售、维持客户关系等营销目标，而建立的关于已有客户或预期客户的综合性信息的集合。店铺通过建立客户信息数据库，管理客户信息数据库，最终将数据运用在经营决策中。

一、客户信息的内容

1. 基本信息

客户姓名、性别、年龄、婚姻状况、职业、学历、单位、职务、住址、电话、手机、电子邮箱、信用程度、家庭成员、家庭经济情况、个人性格、兴趣爱好等。

2. 购买信息

客户所购买商品的名称、规格、型号、价格、数量、频次等。

3. 其他信息

客户要求、建议、意见，购买过程的长短，选择在本店购买的原因等。

二、客户信息的收集方法（扫描左侧二维码可观看视频）

1. 客户意见调查表

通过让客户填写客户意见调查表了解客户的一些信息。

2. 员工反馈意见

通过员工反馈的意见来收集信息。

3. 现场观察

通过现场观察了解客户信息。

4. 经营数据分析

通过分析经营数据了解客户信息，如 POS 机上的客户购买商品记录是分析客户信息的重要数据。

5. 专业资料参考

在各种专业报刊上收集相关数据，如商报上刊登的购买指数等。

三、客户的分类

客户分为一般客户、重点客户和潜在客户，具体的分类标准由店铺自行确定。

其中重点客户分为四种，即忠诚客户、好客户、大客户和主力客户。忠诚客户是指对店铺忠诚度很高的客户，这类客户在惯性消费下对店铺十分信任。好客户是指购物主要讲求便利性、时效性的客户，购物时与店铺的配合度高、议价空间大的客户。大客户是指采购数量大，在节庆日会给店铺带来很大收益的客户。主力客户是指每一段消费高峰的主要客户。

四、客户信息管理流程（见图 5-1）（扫描右侧二维码可观看视频）

图 5-1　客户信息管理流程图

1. 建立客户信息数据库

店铺一般把一次交易在一定数额之上、多次重复购买的老客户定位为自己的目标客户，这类客户往往对店铺的忠诚度高，是店铺利润的主要来源。店铺一般在月初将上个月收集的客户资料输入电脑存档，并在每月固定的一天打印一份给运营部。

2. 管理客户信息数据库

客户的基本资料和购买时间、购买商品类别是建立客户数据库时必须输入的资料，重点客户的基本情况、制造机会、追踪服务、强化客情关系是客户数据管理的关键。

因为客户的情况是不断变化的，所以客户的资料需要不断维护、不断调整。若发现客户资料有异动时，要立即填写“客户异动卡”，及时删除旧资料，补充新资料，对客户变化进行跟踪，使客户的资料管理保持动态性。

3. 应用客户信息数据库

当建立了完整、真实的客户信息数据库后，店铺就可以利用数据库有的放矢地开展有助于提高店铺形象、吸引客户、增加销量的活动。

知识拓展

建立客户信息数据库的重要性

1. 为客户提供更好的服务

客户信息数据库中的资料是个性化营销和客户关系管理的重要基础。

2. 对客户价值进行评估

通过区分重点客户和一般客户，对各类客户采取相应的营销策略。

3. 了解客户价值

利用数据库的资料，可以计算客户生命周期的价值以及客户的价值周期。

4. 分析客户需求行为

通过客户的历史资料不仅可以预测客户需求趋势，还可以评估客户需求倾向的改变。

5. 市场调查和预测

客户信息数据库为市场调查提供了丰富的资料，根据资料可以分析潜在的目标市场。

典型案例

分析客户小票获得客户信息

7-11 便利店以精细化的客户信息管理闻名业界，每个便利店对发生购物行为的客户都会进行信息收集和分析。

例如，一名 38 岁的女客户经常在家附近的 7-11 便利店购物，其购物信息如下：

1. 该客户最近一次购物总金额为 154.8 元，其中食品为 89.2 元，占总金额的 57.6%，日用品为 65.6 元，占总金额的 42.4%，给孩子购买的用品共计 85.1 元，占总金额的 55%。

2. 4—9 月，该客户累计在本店铺消费 2 342.5 元，平均每月约 390.4 元。该客户家庭每月用于日常消费开支金额约 900 元（每月家庭总收入 4 000 ~ 5 000 元），在 7-11 便利店的开支占比达 43.4%。

3. 从 POS 机的信息记录看，该客户基本半个月进行一次家庭采购，客单价在 222.5 元左右，本次购买金额为 154.8 元，相对平均水平较低。

便利店通过分析客户购买记录得出以下结论：

1. 该客户食品购买量占购买商品总额的一半以上，其次就是家居生活使用频率很高的日用品。

2. 孩子的用品是家庭消费的重点。从购买物品中可以推断出该客户家中有一个女儿，还在上学。

3. 该客户代表家庭的全部成员采购生活必需品，她是购买的主体。

综合练习

一、判断题

1. 在客户购物时，询问记录相关的信息，不是获得客户信息的途径。

（　　）

2. 在专业报刊上收集相关数据是获得客户信息的途径。 (   )

3. POS 机上打出的购物小票是客户购买商品的记录。 (   )

4. 重点客户中不包括大客户。 (   )

5. 主力客户是指采购数量大的客户。 (   )

二、问答题

1. 客户信息包括哪些内容?

2. 客户信息的收集方法有哪些?

3. 客户信息管理流程是什么?

三、实训题

1. 请同学为家 / 学校附近的便利店设计一份“客户信息表”。

2. 请同学分组做一次客户观察活动，记录下 10 ~ 15 位客户的购买行为，判断哪几位是家庭主妇。

课题 2　客户忠诚度和满意度管理

客户忠诚度和满意度管理是现代商业管理精细化的体现。

一、客户忠诚度概述

1. 客户忠诚度的概念

客户忠诚度又称为客户黏度，是指客户对某一特定商品或服务产生了好感，形成了“依附性”偏好，进而重复购买的一种趋向。它主要通过客户的情感忠诚、行为忠诚和意识忠诚表现出来。其中情感忠诚表现为客户对企业的理念、行为和视觉形象的高度认同和满意，行为忠诚表现为客户再次消费时对企业的商品和服务的重复购买行为，意识忠诚则表现为客户做出的对企业的商品和服务的未来消费意向。

2. 客户忠诚度的类型

从对品牌的忠诚度分类，客户可分为以下几类：

（1）无品牌忠诚者

无品牌忠诚者会不断更换品牌，对品牌没有认同，对价格非常敏感。许多消费者对低值易耗品、同质化行业商品和习惯性消费品没有品牌忠诚度。

（2）习惯购买者

习惯购买者忠诚于某一个品牌或某几个品牌，有固定的消费习惯和偏好，购买时目标明确。如果竞争者有明显的诱因（如价格优惠、独特包装等），或通过促销等方式鼓励消费者试用，让其购买或续购某一商品，这类客户就会进行品牌转换购买其他品牌。

（3）满意购买者

满意购买者对原消费品牌十分满意，而且有品牌转换风险忧虑，也就是说会认为购买另一个新的品牌会有风险（如有效益的风险、适应上的风险等）。

（4）情感购买者

情感购买者对品牌已经有一种爱和情感，某些品牌是他们情感的依托，如有些消费者天天用中华牙膏，有些小朋友习惯喝娃哈哈等。

（5）忠诚购买者

忠诚购买者是消费者对品牌忠诚的最高境界。消费者不仅对品牌产生情感，甚至引以为傲。

二、客户忠诚度调研（扫描右侧二维码可观看视频）

1. 测算客户重复购买的次数

客户重复购买的次数是指在一定时期内，客户重复购买某种品牌商品的次数。店铺通常会对会员客户的购物小票进行统计，以测算出该客户重复购买的次数。

2. 测算客户挑选时间的长短

客户购买商品之前都要经过挑选的过程，但由于依赖程度的差异，客户对不同品牌的挑选时间是不同的。通常，客户挑选的时间越短，说明他对该品牌的忠诚度越高；反之，则说明他对该品牌的忠诚度越低。店员可以通过现场观察或依据店内摄像设备的记录来测算客户购物挑选时间的长短。

3. 测算客户对价格的敏感程度

客户对价格都是非常重视的，但这并不意味着客户对价格变动的敏感程度都相同。事实表明，对于喜爱和依赖的商品，客户对其价格变动的承受能力强，即敏感度低；而对于不喜爱或不信赖的商品，客户对其价格变动的承受能力弱，即敏感度高。店员可以通过价格微调后对客户购物的影响来了解客户对价格的敏感程度。

4. 测算客户对竞争品牌的态度

一般来说，对某品牌忠诚度高的客户会自觉地排斥其他品牌的商品或服务。因此，如果客户对竞争品牌的商品或服务有兴趣并有好感，那么就表明他对本品牌的忠诚度较低；反之，则说明他对本品牌的忠诚度较高。店员可以通过观察客户选择商品的过程来了解其对竞争品牌的态度。

5. 测算客户对商品质量的承受能力

任何商品都有可能出现质量问题，即使是名牌商品也很难避免。如果客户对该品牌的忠诚度较高，当商品出现质量问题时，他们会采取宽容、谅解和协商解决的态度，不会因此失去对它的偏好；相反，如果客户对品牌的忠诚度较低，当商品出现质量问题时，他们会深感自己的正当权益受到侵犯，从而产生强烈的不满，甚至会通过法律途径进行索赔。店员可以通过观察了解客户购买商品时对出现瑕疵商品的态度来测算客户对商品质量的承受能力。

6. 测算客户购买费用

客户对某品牌支付的费用比购买同类商品支付的费用总额高，即说明客户对该品牌的忠诚度高。通过对客户购物小票的统计获取客户的购买费用、客单价，从而推算客户对各品牌的忠诚度。

通过分析取得的客户信息数据将客户按品牌忠诚度划分，并在表格中加以记录。

三、客户满意概述

1. 客户满意的含义

满意是对需求是否满足的界定尺度。当客户需求被满足时，客户便体验到一种积极的情绪反映，这称为满意；否则客户会体验到一种消极的情绪反映，这称为不满意。从营销角度看，客户满意是客户对商品和服务增值部分的认同，它是客户在消费后感受到满足的一种心理体验。例如，海尔集团注重客户满意度，用“星级服务”的形式不断向客户提供商品之外的满足，如快速便捷安装、及时售后回访、修理服务热情周到等，这为海尔赢得了越来越多的客户。

2. 客户满意的内容

客户满意包括商品满意、服务满意和社会满意三个方面。

（1）商品满意

商品满意是指企业商品带给客户的满足状态，包括客户对商品的质量、价格、设计、包装、时效等方面的满意。商品满意是构成客户满意的基础因素。

（2）服务满意

服务满意是指在商品售前、售中、售后以及商品生命周期的不同阶段采取的服务措施带给客户的满意状态。它的核心是在服务过程的每一个环节都能设身处地为客户着想，做到有利于客户、方便客户。

（3）社会满意

社会满意是指客户在购买企业商品的过程中所体验到的对社会利益的维护，主要指客户整体社会满意，它要求企业的经营活动要有利于社会，如安全、环保等。

四、客户满意度调研

1. 客户满意度调研的方法

客户满意度调研采用的方法有以下几种：

（1）问卷调查

问卷调查是最常用且适用范围最广的客户满意度的收集方式。问卷中包含很多问题，需要被调查者根据预设的表格选择该问题的相应答案，客户从自身利益出发来评估企业的商品质量、客户服务工作水平和客户满意水平，同时问卷也允许被调查者以开放的方式回答问题，从而能够更详细地掌握他们的想法。

以下为某商场设计的一份“客户满意度调查问卷”。

客户满意度调查问卷

您好！我们正在进行客户满意度测评，目的是了解您对我们的商品和服务水平的满意程度，以便我们更好地为您服务。

请您根据个人的感受和体验，以“√”或文字的形式回答下列问题。

一、基本情况

1. 您最近是否光顾过本商场？

□是　□否

2. 您光顾本商场的次数一般为：

□初次　□偶尔　□一周一次　□一月一次　□不确定

3. 您光顾本商场的时间一般为：

□平时上午　□平时下午　□平时晚上　□双休日或节假日

4. 您光顾本商场的主要目的是：

□购物　□闲逛　□其他

5. 您通常在本商场购买哪些商品？（可多选）

□日用百货　□食品副食　□化妆洗涤用品　□床上家居用品

□鞋帽箱包　□家电　□电子产品　□其他

二、评价内容

请您对最近本商场的服务质量进行评价：

1. 商品

	很满意	满意	较满意	一般	较不满意	不满意	很不满意
（1）各类商品的品牌组合							
（2）商品价签内容明晰程度							
（3）商品促销活动							
（4）商品品种更新频率							
（5）商品款式、造型、外观等							
（6）商品质量							
（7）商品陈列（货架安排、商品样品摆放）							
（8）您对本商场商品的总体评价							

2. 购物环境

	很满意	满意	较满意	一般	较不满意	不满意	很不满意
（1）商场内整体温度、空气、音乐							
（2）商场内整洁度、通道畅通度							
（3）区域照明							
（4）导购标识							
（5）休息区设置便利程度、座椅舒适程度							
（6）便民设施（报刊、饮水机等）							
（7）洗手间设施环境							
（8）您对本商场购物环境的总体评价							

3. 服务质量

	很满意	满意	较满意	一般	较不满意	不满意	很不满意
（1）营业员态度							
（2）营业员礼貌用语							
（3）营业员主动服务意识							
（4）营业员熟悉商品程度							
（5）营业员熟悉楼层品类、设施分布程度							
（6）收银员服务态度、操作的熟练程度							
（7）服务人员仪容仪表							

续表

	很满意	满意	较满意	一般	较不满意	不满意	很不满意
（8）服务人员服务态度							
（9）商场售后服务							
（10）您是否进行过投诉：□是 □否 如是，您对投诉处理结果							
（11）您对本商场服务质量的总体评价							

三、综合情况

1. 您对本商场的总体评价：

□很满意 □满意 □较满意 □一般 □较不满意 □不满意 □很不满意

2. 根据您的生活需求和以往的消费经验，您希望本商场商品质量和服务可以达到的水平：

□很高 □高 □较高 □一般 □较低 □低 □很低

3. 根据本商场的硬件和软件环境的现状，您认为本商场可以达到的商品质量和服务水平：

□很高 □高 □较高 □一般 □较低 □低 □很低

4. 请您对本商场“商品质量”“购物环境”“服务质量”进行重要性排序：__________>__________>__________。

（2）二手资料收集

二手资料收集是通过网络或调研公司获得资料的方式，虽然在资料的详细程度和有用程度方面可能存在缺陷，但是它可以作为店铺深度调研前的重要参考资料。特别是进行调查问卷设计时，二手资料能提供行业的大致轮廓，有助于设计人员对调研问题的把握。当调研的内容通过网络、调研公司调研获得的结果更准确、全面时，可以选用二手资料收集的方式进行调研。

（3）访谈研究

访谈研究是由一名经企业训练过的访谈员引导 8 ~ 12 人对某一主题或观念进行深入讨论的方式。焦点访谈通常避免采用直截了当的问题，而是以间接的提问激发与会者自发的讨论，让与会者在一个“感觉安全”的环境下畅所欲言，访谈员从中发现并找到所需要的信息。对客户满意度影响较大且集中的问题可以采用访谈研究进行调研。

2. 客户满意度调研的实施

客户满意度调研的实施一般是由客户管理部门或运营部门总体负责，需要组成专门的调研小组，列出调研计划安排，依据计划实施调研。

3. 分析调研结果

调研小组在完成调研工作后，需要对调研的数据进行分析，找到影响客户满意度的主要原因，为下一步工作提供参考。

可以从以下四个方面对影响客户满意度的原因进行归纳：

（1）客户感受价值的高低

客户对商品或服务的感受价值高低直接影响客户对商品或服务的满意度。如果客户感受价值高于他的期望值，他就倾向于满意，差距越大越满意；反之，如果客户感受的价值低于他的期望值，他就倾向于不满意，差距越大越不满意。

（2）客户的情感

客户的情感同样影响其对商品和服务的满意度。这些情感可能是稳定的、事先存在的，如情绪状态和对生活的态度等。愉快的心情、健康的身心和积极的思考方式都会对所体验的服务产生正面影响；反之，消极的情绪会对所体验的服务产生负面影响。

（3）客户对问题的归因

当客户得到的结果出乎意料，他们会试图寻找原因，而他们对原因的评定能够影响其满意度。例如，一辆车虽然修复，但是没有能在客户期望的时间内修好，客户认为的原因有时和实际的原因是不一致的，这将会影响客户的满意度。如果客户认为原因是维修站没有尽力，那么他就会不满意甚至很不满意；如果客户认为原因是自己没有将车况描述清楚，而且车辆配件确实紧张，那么他的不满意程度就会轻一些，甚至认为维修站是完全可以被原谅的。相反，当客户得到一次比他想象更好的服务，如果这时客户将原因归为“企业的分内事”或“现在的服务质量普遍提高了”，那么这项服务并不会提升客户的满意度；如果客户将原因归为“他们特别重视我”或是“这个品牌特别注重与客户的感情”，那么这项服务将大大提升客户对企业的满意度，客户会进而将这种高度满意延伸到对品牌的信任。

（4）客户对平等或公正的感知

客户的满意度还会受到客户对平等或公正的感知影响。客户会思考：我与其他客户相比是不是被平等对待？别的客户得到比我更好的待遇、更合理的价格、更优质的服务了吗？我为这项服务或商品花的钱合理吗？以我所花费的金钱和精力，我所得到的比别人多还是少？平等或公正的感觉是客户满意度感知的中心。

知识拓展

客户满意度调研内容设计

通过客户满意度调研，一般要寻求哪些信息？

1. 通过调研，了解客户是否满意，满意的程度如何。

2. 在调研之后将调研结果与服务要求相比较，发现差距，进而改进。

3. 通过调研，分析客户购买过程和服务的特性及趋势，找到采取预防措施的机会。

4. 提高客户在购买商品过程中及购买完成的满意度。

5. 不断识别客户，分析客户需求变化情况。

典型案例

杭州百货商场的消费者满意度调研及分析

2019 年 9 月，杭州展开了“2019 杭州百货商场消费者满意度调研”，调研范围为杭州市城区。本次调研采用电话调查的方式，调研样本 3 007 人，回收有效样本 306 人。调研共设置 6 个问题，以回答全部问题为有效样本。

1. 有效样本的基本信息

（1）性别

在有效样本中，女性占 59%，男性占 41%。

（2）年龄

25 岁以下的人员占比 22%，25 ～ 30 岁的人员占比 26%，31 ～ 40 岁的人员占比 24%，40 岁以上的人员占比 28%。年龄分布相对比较均匀。

（3）职业

本次调研以“学生、企业员工、机关干部、企业高管或老板、教师、其他”来区分参与调研者的职业范围和层次。从调研结果来看，企业员工占比 41%，机关干部占比 11%，教师占比 8%，企业高管或老板占比 7%，学生占比 6%，其他占比 27%。

2. 调研的主要结果

（1）人气调研

问题：您最常去的是哪一家百货商场?

该问题设置五个回答选项：杭州大厦、银泰百货、杭州百货大楼、杭州解百新世纪商厦、元华商城。

从调研结果来看，在 306 个有效样本中，有 133 人表示最经常去银泰百货购物，占比 43.5%，消费者光顾银泰百货的次数高于其他四家商场，符合目前杭州各大商场银泰百货人气最旺的现状；其余依次为杭州解百新世纪商厦、杭州大厦、杭州百货大楼、元华商城。

（2）服务满意度调研

问题：您对哪一家百货商场的服务最满意?

从调研结果来看，杭州大厦被认为是服务最令人满意的商场，占比 26.5%；其次是银泰百货，占比 23.5%；其余依次是杭州百货大楼、杭州解百新世纪商厦、元华商城。另外，有 57 人认为杭州各百货商场的服务都差不多，占比 18.6%。总体而言，各商场的客户满意度占比相差并不大，说明各大商场的服务没有呈现很好的差异化，服务优势不明显。

（3）商场最需要改善的方面

问题：您认为杭州百货商场在哪些方面最需要提升和改善?

从调研结果来看，消费者认为杭州百货商场最需要改善的是商品丰富程度，其余依次是客户服务、交通便利性、购物环境。从目前杭州各大百货商场的调整情况来看，商家把引进新品牌和知名品牌作为工作的重中之重，确实也是迎合了消费者对商品丰富程度的需求。而客户服务被认为是第二大需要改善的方面，也再次说明了各商场的服务没有呈现差异化，也没有让客户感觉特别满意。至于各大商场的交通便利性，由于几大商场都集中在繁华商圈，交通过分拥挤、停车位无法满足目前需求等现状是商场亟须改善的一个重要方面。

（4）百货商场平均客单价

问题：您每次去百货商场的平均消费金额大概是多少？

从调研结果来看，每次平均消费金额为300～800元的人员最多，占比48.4%，300元以下的人员占比16.7%，800～1 500元的人员占比25.2%，1 500元以上的人员占比9.7%。

（5）最喜欢的促销方式

问题：您最喜欢杭州百货商场的促销方式有哪几种？

杭州百货商场的满就送、满就减等促销手段一直比较盛行，促销竞争甚为激烈。但从调研结果来看，消费者更愿意接受商场直接打折的促销方式，这个比例高达66.7%。而满就送与满就减相比，消费者更倾向于满就减，这也是近段时间杭州百货商场采用的主要促销方式。而抽奖可能由于存在透明性问题，以及奖品价值最高金额的限制，对于消费者的诱惑力并不大。

（6）获得促销活动的途径

问题：您一般是通过什么途径了解商场的促销活动？

从调研结果来看，报纸仍然是消费者获取促销活动信息的最主要途径，其余依次是网络、朋友亲戚告知、商场直接通知、广播电视，后四种途径比例相差不大。

综合练习

一、判断题

1. 客户对商品的感受价值高低直接影响客户对商品的满意度。（　　）
2. 无品牌忠诚者会不断更换品牌，对品牌没有认同，对价格非常敏感。（　　）
3. 客户满意是推动客户忠诚的最重要因素。（　　）

4. 提升客户忠诚度就要对客户一视同仁，不能区别对待。（　　）

5. 客户的满意度不受到客户对平等或公正的感知的影响。（　　）

二、问答题

1. 从对品牌的忠诚度分类，客户可分为哪几类?

2. 客户满意的内容包括哪些?

3. 客户满意度的调研方法有哪些?

三、实训题

请同学为家 / 学校附近的百货商场设计一份客户满意度调查问卷，以小组为单位实施调研活动，并进行调研结果分析。

课题 3　客户投诉管理

客户投诉是指客户用口头或书面的方式表现出来的不满和抱怨。客户投诉是店铺经营中发生的正常事件，但如果处理不当会给店铺的经营带来不良影响。在处理客户投诉时只有按照处理程序正确、灵活、有效地处理，才能把事件的不良影响降到最小。

一、客户投诉的类型

1. 按严重程度分类

投诉按严重程度分类，可分为一般投诉和严重投诉。

一般投诉是指投诉的内容、性质比较轻微，没有对投诉人造成大的损害或者投诉人的投诉言行负面影响不是很大的投诉。

严重投诉是指投诉涉及的问题比较严重，对投诉人造成了较大的物质上的损失或精神上的伤害，引起投诉人的愤怒使其进而做出不利于企业的行动。

一般投诉如果处理不当，极有可能演变成严重投诉；相反，如果严重投诉处理得比较有技巧，也可以将其转化为一般投诉。

2. 按原因分类

投诉按原因分类，可分为商品质量投诉、服务投诉、价格投诉和诚信投诉。

商品质量投诉是指投诉人对商品的质量、性能、安全等方面不满意而提出的投诉。

服务投诉是指投诉人对商家提供的售后服务或者营业员的服务方式、态度等方面不满意而提出的投诉。

价格投诉是指投诉人认为他所购商品或服务价格过高或者物非所值而提出的投诉。

诚信投诉是指投诉人因购买商品或服务后发现其使用价值或感受到的服务并非如售前或售中所宣传、承诺的那样而提出的投诉。

3. 按行为分类

投诉按行为分类，可分为消极抱怨型投诉、负面宣传型投诉、愤怒发泄型投诉和极端激进型投诉。

消极抱怨型投诉主要表现为投诉人不停地抱怨、表达着各种不满意，投诉的重心在表达“不满意”。

负面宣传型投诉主要表现为投诉人在公共场合或在除企业外其他人面前负面评论企业的商品、服务等，其投诉的重心在“广而告知”企业的缺陷或不足。

愤怒发泄型投诉主要表现为投诉人情绪激动或失控，投诉的重心在以愤怒、敌对的方式宣泄自己的“不满意”。

极端激进型投诉主要表现为投诉人以极端的方式与企业发生口角或做出一些过激的行为，不达目的决不罢休，这类投诉一般也称为客户冲突。

4. 按目的分类

投诉按目的分类，可分为建议性投诉、批评性投诉和控告性投诉。

投诉人提出建议性投诉一般不是在心情不佳的情况下，恰恰相反，这种投诉很可能是随着对商家的赞誉而发生的，即“尽管现在这样也不错，但如果那样做会更好”。

批评性投诉主要是指投诉人心怀不满，但情绪相对平静，只是把这种不满告诉对方，不一定要对方做出什么承诺。

控告性投诉主要是指投诉人已被激怒，情绪激动，要求投诉对象做出某种承诺。

三类投诉也不是一成不变的，不被理睬的建议性投诉会进一步变成批评性投诉，进而有可能发展成为控告性投诉。

二、客户投诉处理流程（见图 5-2）

了解投诉原因 → 真诚道歉 → 识别类型 → 确定责任 → 决定方式 → 处理问题

图 5-2　客户投诉处理流程图

1. 了解客户投诉的原因

认真倾听客户所描述的信息，并给予积极的回应，同时要做好相应的记录。接着，了解客户投诉的原因，例如客户的需求和期望没有得到满足，商品或服务的质量存在问题，客户想帮店铺改善及提高，客户想要退款、降价或索赔，客户的一些误解等，以上都是客户投诉的常见原因。这些原因会带来不同的影响，包括影响客户心情，客户拒绝或减少对商品或服务的使用，客户不会推荐他人使用该商品或服务，给客户带来经济损失，给店铺带来声誉损失，使店铺利润或收入减少等。

没有一个店铺能完全使客户满意。客户的投诉为店铺创造了与客户沟通的机会，同时为店铺提供了在经营管理方面改进的机会。

2. 真诚地向客户道歉

在道歉时可以说“对给您带来的不便，我代表我店向您表示歉意”，或者说“大热天让您从大老远跑来，实在不好意思”等。道歉要恰当合适，要在保持店铺尊严的基础上道歉，道歉的目的：一是为了承担责任，二是为了平息客户的“火气”。

3. 识别客户投诉的类型

可按前面介绍的客户投诉类型分类方法对客户进行分类，为之后的客户投诉处理工作做准备。

4. 依据投诉类型确定责任部门

确认客户投诉类型之后，还要分析客户投诉的要求，同时分析客户的要求是否合理，以及具体问题属于哪个部门负责，解决投诉前是否有必要同该部门沟通或者向有关上级请示。

5. 决定处理方式

根据客户的投诉内容和投诉分析，依据店铺的相关制度，并参考《消费者权益保护法》等相关法律法规，决定解决方法是经济赔偿、以旧换新、商品赔偿、更换配件还是上门维修等。

6. 征得客户同意，解决投诉

把解决方案告知客户，如客户同意，则把处理意见登记在“客户投诉记录表”上，并让客户签字确认；如果客户不同意，进一步了解争议在哪里，并再次同客户协商解决，不卑不亢，以“息事宁人，保护名誉”为最高原则，尽量满足客户的要求。

对于承诺客户的解决方案，一定要跟踪落实到位，以确保在承诺的时间内完成所有承诺的事项。对于店铺内部需要进行改进的部分，店铺应全面、细致地进行原因的分析，并制定相应的纠正措施。店铺内部还应对纠正措施的执行情况进行跟踪，以确保措施得到落实，并能真正预防此类投诉的再次发生。

客户投诉能为店铺带来什么？

1. 令人满意的客户投诉处理可以培养客户的忠诚度

提出投诉的客户如果问题得到圆满解决，其忠诚度会比从来没有投诉过的客户高。店铺有效地解决投诉，会让客户对店铺产生信赖，能够为店铺赢得客户的忠诚。

2. 客户投诉可以促进店铺成长

客户的投诉是用另一种方式告诉店铺存在的不足，如果店铺认真对待客户的投诉，及时解决存在的问题，店铺就会在这个过程中获得成长。

3. 客户投诉可以帮助店铺发现隐藏的商机

客户的投诉让店铺了解到消费者的真实想法，这对于店铺来讲是非常宝贵的信息，店铺能从中发现商品存在的问题和不足，甚至发现平时未注意到的商机。

典型案例

超市解决客户投诉案例

某顾客从一家超市购买了一盒某品牌燕窝，吃后有肚痛现象，顾客怀疑买到假货，于是到超市找到相关负责人要求退款。

超市负责人小李首先询问了顾客购买时间、产品的有效期，同时询问顾客的身体状况，告诉顾客如还有不适一定要去医院就医，并暂时停止服用。然后她找出商品的质量检测相关证书，向顾客解释道："我们的商品都是来自合法的供应商，商品相关证书齐全，销售以来从未有顾客反映过此现象。"她非常温和地建议顾客："您最好不要空腹食用，建议您给家人食用看是否会有此现象，因为按国家规定开封食品没有质量问题是不作退货处理的。"听了小李的话，顾客不再有异议。

综合练习

一、判断题

1. 严重投诉是指投诉的内容、性质比较轻微，没有对投诉人造成大的损害或者投诉人的投诉言行负面影响不是很大的投诉。 (　　)

2. 严重投诉如果处理得比较有技巧，也可以将其转化为一般投诉。 (　　)

3. 建议性投诉、批评性投诉和控告性投诉界限分明，不会相互转换。 (　　)

4. 满意的客户投诉处理并不能培养客户的忠诚度。 (　　)

5. 客户投诉方案确定后，不须与客户协商，直接处理即可。 (　　)

二、问答题

1. 如果你是负责处理投诉的客服，下面的情况应该如何处理？

7月16日，××超市刊登广告“买一大包‘心相印’抽纸额外送三小包”。苏小姐前去购买，促销小姐过来说道：“女士，这样吧，您买一包大包‘心相印’抽纸，送您六小包，您到外面拿就可以了。”苏小姐就拿了一包。结完账，苏小姐到赠品发放处领取赠品，服务员只递给她三小包抽纸，苏小姐不高兴，心想“不是说买一包送六小包吗？这不是欺骗客户吗？”于是，苏小姐到投诉处对促销小姐进行了投诉。

2. 如果你是超市值班经理，遇到下面的情况你会如何处理？

李小姐从超市购买了一盒酸牛奶，喝了一半发现有只苍蝇，李小姐当时火冒三丈，来超市投诉。值班经理看见后过来处理，说：“你既然说有问题，那就带你去医院检查，有问题我们负责！”李小姐听后更加生气，嗓门提高了一倍：“你负责？好！现在你吃10只苍蝇，我带你去医院检查，有问题我来负责好不好？”越来越多的顾客开始围观。

3. 客户投诉的处理流程是什么？

三、实训题

请教师将全班同学分为两组，一组同学列举客户投诉的原因，另一组同学判断客户投诉的类型。

模块六　店铺员工管理

店铺的员工管理是非常重要的，其管理的核心目的是最大程度地发挥每一位员工的才能，共同促进店铺发展。

学习目标

1. 掌握员工招聘程序、岗位要求和绩效考核。
2. 能够正确实施员工招聘，学会编写岗位工作分析报告和绩效考核方案。

课题1　店铺员工岗位管理

在实施店铺员工岗位管理时，需要根据店铺的经营特点设置工作岗位，再依据岗位设置确定具体的岗位说明，最后寻找符合岗位的员工。店铺员工岗位管理流程如图6-1所示（扫描左侧二维码可观看视频）。

设置岗位 → 编写岗位说明 → 明确岗位职责 → 安排员工岗位

图6-1　店铺员工岗位管理流程图

一、店铺工作岗位

店铺营业区主要设营业员、理货员、防损员工作岗位，店铺办公区通常是店长、店长助理以及美工的工作地点，仓库是仓库管理员的工作地点。在日常经营中，店长和店长助理不会一直待在办公区，他们经常在营业区或仓库指挥经营、实施管理。

二、岗位说明书

编写岗位说明书是进行员工岗位管理的前提。岗位说明书的具体内容包括：

1. 岗位基本信息

岗位基本信息也称为工作标识，包括岗位名称、岗位编号、所属部门、直接上级、职级等。

2. 岗位工作内容描述

工作内容描述是岗位说明书中最主要的内容，它详细描述该岗位所从事的具体工作，包括每项工作的综述、活动过程、工作联系和工作权限。同时，工作内容描述的同时还可以描述每项工作的环境和工作条件，以及在不同阶段所用到的工具和设备。

3. 岗位任职资格

任职资格主要是描述从事这一岗位所需具备的条件。

4. 岗位责权范围

（1）责任：此岗位所承担的职责和应当按时完成的任务。

（2）权利：此岗位所能支配的权利。

三、员工岗位职责

1. 店长的岗位职责

（1）制订并分解店铺销售计划，完成个人销售任务，同时带领团队完成销售任务。

（2）掌握当地市场的竞争情况和消费习惯，及时向总部反映掌握的情况。

（3）进行店铺运营分析，提出有助于完成销售目标的建设性意见。

（4）每月及时提供准确的商品盘点数据和商品销售统计分析。

（5）总结店铺销售情况，及时进行店铺赢利分析。

（6）主持店铺例会，并对营业员进行培训与辅导。

（7）制订培训计划，并对营业员进行培训与辅导。

（8）监督营业员日常工作，对违反店铺有关规范的人员进行处理。

（9）对营业员进行业绩评估和考核。

（10）对新上市商品、滞销商品、促销商品进行合理调整或处理。

（11）监督和管理商品陈列、物品摆放、店面卫生、人员形象、POP 布置等方面的店铺形象维护工作。

（12）负责店铺固定资产和设备的日常维护与保养，保证设备的正常运行。

（13）做好店铺的安全、卫生管理工作，处理营业现场遇到的特殊情况。

（14）处理顾客的现场或电话投诉，对需要厂家协调处理的投诉事件及时通知总部相关负责人。

（15）配合公司开展各种营销活动，提升品牌的知名度和美誉度。

2. 营业员的岗位职责

（1）用心接待每一位顾客，与店长和同事一起完成本店的销售目标。

（2）为每一位顾客提供高品质的服务。

（3）定期电话跟踪目标顾客，并说服顾客购买商品。

（4）做好顾客的售前、售中和售后工作。

（5）耐心处理顾客的投诉，并做好投诉记录。

（6）获取并反馈竞争对手的信息、顾客信息及其他信息。

（7）随时维护店铺形象，确保店铺形象良好。

（8）认真填写各项资料（如客户关系管理系统、销售日报）。

（9）积极向店长提出建设性建议。

（10）保护店铺商品安全。

（11）严格遵守店铺行为规范。

四、员工岗位安排

店铺安排员工岗位时不仅要考虑员工的能力，还要考虑员工的特长和性格。一般来讲，销售岗位的员工需要外向的性格和较流利的言语表达能力，善于交流，能积极与人沟通；而收银岗位的员工则需要细致耐心的性格，并擅长操作计算机。规模较小的店铺对员工的综合素质要求相对较高，不论哪个岗位都需要有高度的责任心和认真的工作态度。

店铺员工岗位工作分析

店铺招聘员工之前必须进行岗位工作分析，以此编制岗位说明书，其目的是为店铺的招聘录用、工作分派、签订劳动合同以及职业指导等现代企业管理业务提供原始资料和科学依据。进行员工岗位工作分析通常使用的方法有五种，即问卷调查、总结分析、员工记录、直接面谈和观察法，在实践中店铺往往是依据实际情况综合运用。

典型案例

某店铺营业员的岗位说明书（摘选）

一、岗位描述、任职要求和录用标准

1. 岗位描述

（1）负责对所辖区域的促销员进行协助管理，以达成销售任务及主推任务为目标。

（2）有责任督促促销员、临时促销员执行店铺的各项销售政策，对促销员、临时促销员有损店铺信誉的言行有制止、检举、上报的义务。

（3）通过自己掌握的商品知识、服务技巧完成上级下达的阶段性销售任务。

（4）根据所辖区域及临近区域促销员缺岗的情况及时补岗，保证在各区域范围内的每一位顾客都能得到优质的服务。

（5）严格按照分部价格指令书执行，杜绝违规操作。

（6）熟练掌握主推商品的独特卖点，完成主推商品的销售任务。

（7）根据主任的指令，完成下市淘汰商品、滞销商品及残次品的销售任务。

（8）维护店铺利益，防止漏柜。

（9）对店铺内的突发事件、顾客争吵等问题应主动上前劝解，平息矛盾，并带领顾客到客服部协商解决，不影响正常营业。

（10）负责本区域的卫生，确保本区域各项指标符合店铺的相关规定。

2. 任职要求

（1）30 岁以下，中专以上学历，相貌端正、形象佳。

（2）具有较强的沟通交际能力。

（3）有责任心和较强的服务意识。

（4）身高：女性 160 cm 以上、男性 170 cm 以上。

（5）有大型店铺工作经验者优先。

3. 录用标准

认同企业文化，服务能力较好，具有较高的团队意识，适应工作时间。

二、面试方法

口试、上机操作。

三、实操面试题目

1. 请应聘者进行简单的自我介绍（包括现住址、婚姻状况、学习情况等），重点叙述工作经历。

2. 一般而言，从和顾客接触到最终完成销售需要多长时间？这个时间周期怎样才能缩短？

3. 你是否有这样的经历：你接到的销售任务很艰巨，完成任务的时间又很短，你最终用什么办法确保达到销售任务目标？

4. 日常工作中如何配合店铺主任及店长完成销售任务？

5. 如何管理促销员来提高销量？

综合练习

一、判断题

1. 店铺前店的工作岗位有美工、仓库管理员等。（　　）
2. 岗位基本信息也称为工作标识。（　　）
3. 店铺中的营业员只有岗位责任，没有岗位权利。（　　）
4. 细心、性格内向的人更适合担任营业员。（　　）
5. 不管在店铺担任何种职务，都需要有高度的责任心和认真的工作态度。（　　）

二、问答题

1. 岗位说明书具体包括哪些内容？
2. 店长的岗位职责有哪些？
3. 营业员的岗位职责有哪些？

三、实训题

请同学说说自己愿意在店铺中的哪些岗位工作，并讲讲这些岗位的要求。对照岗位要求，说说自己小组的其他同学适合的岗位，并说明理由。

课题 2 店铺员工招聘

店铺员工通常采用招聘的方式获得，企业会依据内定的用人规范流程实施招聘。

一、招聘原则

1. 因事择人原则

员工的招聘应以实际工作需要和岗位空缺情况为出发点，根据岗位对任职者的资格要求选用人员。

2. 公开、公平、公正原则

公开就是要公示招聘信息、招聘方法，这样既可以将招聘工作置于公开监督之下，防止以权谋私、假公济私的现象，又能吸引大量应聘者。

公平、公正就是确保招聘制度给予合格应征者平等的获选机会。

3. 竞争择优原则

竞争择优原则是指在员工招聘中引入竞争机制，在对应聘者的思想素质、道德品质、业务能力等方面进行全面考察的基础上，按照考察的成绩择优录用员工。

4. 提高企业效率原则

提高企业效率原则是指企业通过招聘，选择最合适的员工进入店铺，这些员工在工作中发挥积极作用，有效促进企业效率提升。

二、招聘渠道

1. 外部招聘

外部招聘的形式有人才交流中心、招聘洽谈会、传统媒体广告、网上招聘、校园招聘、人才猎取和员工推荐等。

（1）优点

1）来源广泛，选择空间大。特别是在组织初创和快速发展时期，更需要从外部大量招聘各类员工。

2）可以避免“近亲繁殖”，能给组织带来新鲜空气和活力，有利于组织创新和管理革新。

3）可以要求应聘者有一定的学历和工作经验，节省在培训方面所耗费的时间和费用。

（2）缺点

1）难以准确判断应聘者的实际工作能力。

2）容易造成对内部员工的打击。

3）费用高。

2. 内部招聘

内部招聘就是将招聘信息公布给公司内部员工，员工来参加应聘。内部招聘有岗位轮换和返聘两种形式。

（1）优点

1）选任时间较为充裕，对员工了解全面，能做到用其所长、避其所短。

2）他们对组织情况较为熟悉，了解与适应工作的过程会大大缩短，上任后能很快进入角色。

3）内部提升给员工带来希望，这样有利于鼓舞士气、提高员工工作热情、调动员工工作积极性、激发员工上进心。

（2）缺点

1）老员工有老的思维定式，不利于创新。

2）容易在组织内部形成错综复杂的关系网，任人唯亲，拉帮结派，给管理带来困难。

3）内部备选对象范围狭窄。

三、店铺员工招聘流程（见图 6-2）

确定人员需求 → 制订招聘计划 → 甄选人员 → 招聘评估

图 6-2　店铺员工招聘流程图

1. 确定人员需求

店铺需要用人，一般由用人部门填写《人员增补申请单》，向人力资源部门提出招聘要求。人力资源部接到部门《人员增补申请单》后，核查各部门人力资源配置情况，检查公司现有人才储备情况，决定是否从内部调动解决人员需求，如果不能实现，经总经理批准后人力资源部进行外部招聘。

2. 制订招聘计划

（1）招聘计划要依据《岗位描述》确定招聘各岗位的基本资格条件和工作要求。若公司现有的岗位描述不能满足需要，要依据工作需要确定、更新、补充新岗位的《岗位描述》。

（2）根据招聘人员的资格条件、工作要求和招聘数量，结合人才市场情况，确定选择什么样的招聘渠道。

（3）人力资源部根据招聘需求，准备以下材料：招聘广告、公司宣传资料、《应聘人员登记表》《员工应聘表》《复试、笔试通知单》《面试评价表》《致谢函》、面试准备的问题及笔试试卷等。

3. 甄选人员

经过初试—复试—面试三个阶段，录用店铺所需要的员工。

4. 招聘评估

在招聘完成后，还应该进行跟踪，对招聘效果进行评估。

四、员工培训

员工培训是指一定组织为开展业务及培育人才的需要，采用各种方式对员工进行有目的、有计划的培养和训练的管理活动，公开课、内训等是常见的员工培训及企业培训形式。员工培训有员工技能培训和员工素质培训。

通过岗位要求的培训，新员工能够很快胜任岗位，提高工作效率，取得较好的工作业绩，起到事半功倍的效果。

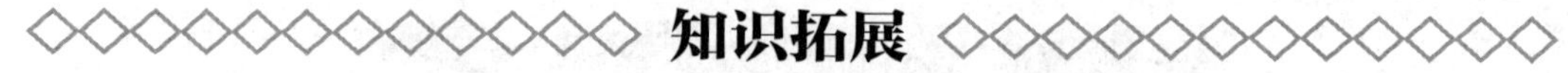

知识拓展

店铺新员工培训的主要内容

1. 介绍店铺的经营历史、宗旨、规模和发展前景，激励员工积极工作，为店铺的繁荣做贡献。

2. 介绍店铺的规章制度和岗位职责。

3. 介绍店铺内部的组织结构、各部门之间的关系及工作流程。

4. 讲授工作所需的主要技能。

5. 介绍店铺的经营范围、主要商品、市场定位、目标顾客、竞争环境等，增强新员工的市场意识。

6. 介绍店铺的安全措施，提高新员工的安全意识。

7. 传达店铺的文化和价值观。

典型案例

优秀店长张勤的用人技巧

张勤店长是联华超市的一位老店长，她带领的团队的工作业绩一直在企业中处于领先水平。以下是张店长总结的用人技巧。

技巧一：观察、培养。店长需要通过观察发现员工的特点与优势，并根据个人意愿做出合适的安排。对于员工的潜能或者发展意向，店长也可以根据店铺的发展情况给予员工一定的培养。

技巧二：包容、提醒。“金无足赤，人无完人”，再优秀的员工都有自己的缺点，在不涉及原则和底线的情况下，店长不能因为员工的一些小问题而否定员工个人。只有多包容，多给予员工善意的提醒，才能让员工成长起来。

技巧三：赞美、建议。“良言一句三冬暖，恶语伤人六月寒”。恰当的赞美会让员工变得更自信、更努力、更上进，这也是让员工迅速成长的方法之一。

技巧四：温情、事业。留人除了待遇，还有情感。当员工的收入已经到了一定程度的时候，精神层面的需求就会显得更重要。店长要付出真感情，把员工当成家人对待。此外，店长还应该对员工的职业发展有一定的规划，让员工将工作当作事业。

在运用这些技巧时，店长还要记住“己所不欲，勿施于人”，要以身作则，给员工树立好的榜样。

综合练习

一、判断题

1. 树立企业形象不是招聘的目的。（ ）

2. 企业应用尽可能低的招聘成本录用到适合岗位的最佳人选。（ ）

3. 员工的招聘应以实际工作需要和岗位空缺情况为出发点，根据岗位对任职者的资格要求选用人员。（ ）

4. 内部招聘难以准确判断应聘者的实际工作能力。（ ）

5. 公平、公正就是确保招聘制度给予合格应征者平等的获选机会。（ ）

二、问答题

1. 招聘的目的是什么？

2. 招聘的原则有哪些？

3. 说说外部招聘和内部招聘各自的优缺点。

三、实训题

请教师虚拟一个店铺，同学依据招聘的流程为该店铺策划一次员工招聘，熟悉招聘的流程以及各项具体要求。

课题3　店铺员工绩效考核

绩效考核是指店铺运用特定的标准和指标，对员工的工作行为及取得的工作业绩进行评估，并运用评估的结果对员工将来的工作行为和工作业绩产生正面引导的过程和方法。

一、绩效考核的作用

1. 挖掘问题

绩效考核包括绩效目标设定、绩效要求达成、绩效实施修正、绩效面谈、绩效改进、再制定目标的循环，这也是一个不断发现问题、改进问题的过程。

2. 分配利益

与利益不挂钩的考核是没有意义的。员工的工资一般都会分为固定工资和绩效工资两部分，绩效工资的分配与员工的绩效考核得分息息相关。

3. 促进成长

绩效考核的最终目的并不是单纯地进行利益分配，而是促进企业与员工共同成长。员工通过考核发现问题、改进问题，找到差距进行提升，最后达到企业与员工的双赢。

4. 人员激励

通过绩效考核，将员工聘用、职务升降、培训发展、劳动薪酬相结合，使得企业激励机制得到充分运用，有利于企业的健康发展。同时，对员工本人来说，绩效考核也有助于其建立不断自我激励的心理模式。

二、绩效考核类型

绩效考核一般分为平时考核和年终考核两种。

1. 平时考核

（1）每月店长应对员工的责任心、工作态度、工作绩效和考勤状况等方面进行严格考核，逐项认真填写“绩效考核表”，并送上级主管复审。对有特殊功过者，店长应随时报请奖惩。

（2）员工考勤情况应附于请假记录簿内，为考核提供参考。

2. 年终考核

（1）店长于每年年底举行一次总绩效考核。

（2）考核时，店长会参考平时考核记录、人事记录中的假勤记录及“绩效考核表”，统计该工作年度员工每个月的表现，然后送上级主管复审。

（3）考核结果与工资、职务晋升挂钩。

三、绩效考核标准

员工的绩效考核标准有业绩考核、能力考核和态度考核。业绩考核主要参照月度工作计划并依据工作目标进行考核。能力考核是通过员工的工作行为，观察、分析、评价其具备的工作能力。态度考核是通过员工日常工作的表现和行为，考察其工作责任感和工作态度。

四、绩效考核结果处理

员工绩效考核的核心是结合工作计划和目标，由上级对下属的工作进行监督和指导，对其在工作思路和绩效改进上提供帮助。因此，每次考核结束后，考核者应当与被考核者进行考核面谈，加强双向沟通。

考核面谈应做到以下几点：

1. 让被考核者了解自身工作的优、缺点。
2. 与被考核者对下一阶段工作的期望达成一致意见。
3. 讨论、制定双方都能接受的绩效改进方案和培训计划。

知识拓展

提升员工业绩的其他方法

除绩效考核外，鼓励店铺员工提升业绩的方法还有以下几种：

1. 通过文化感召力、企业的人文关怀让员工有归属感、安全感，继而提升其对企业的忠诚度，自觉自发地提升自我业绩。

2. 通过不断的培训，加强店铺人员的业务能力和水平，在考核后及时指导员工找出问题点和短板，帮助员工提高自身素质。

3. 提高店铺的管理水平，保证店铺管理的合理性，及时调整不合理的管理政策，使得店铺管理始终具有生命力。

考核仅仅是一种手段，并非全部。在日常的管理工作中，除了在周期内的考核外，强化培训、完善管理制度等都可以帮助店铺员工提升业绩。

典型案例

“爱家”店铺的员工考勤制度（摘选）

一、考勤管理制度

1. 考勤方式及对象

（1）全体员工均作为考勤对象，一般上下班均须走员工通道进行打卡，办公室打卡两次 / 天。店铺员工按班次打卡。

（2）出差的人员凭“因公出差申报单”记录考勤。

（3）考勤统计由行政人事部于每月初统计，经审批后报绩效专员计算工资，复核后交财务部审核发放。

（4）不参与打卡的特殊人员必须由总经理签名批准。

2. 工作时间

（1）上班时间（根据店铺的具体情况而定）：如上午 9：30—12：00，下午

13：30—18：00。

（2）各部门休息期间必须有人轮流值班，值班期间有紧急情况的，店铺可根据实际情况另行制定上班时间，上报行政人事部审批备案。

（3）员工每天上班过程中的餐饮时间一般为每次45分钟，并在非营运高峰时间分批用餐。

二、处罚规定

1. 上班串岗、离岗者做警告处分，严重影响工作者记过，对店铺造成较大损失者做辞退处理。

2. 工作时间内接待亲友或利用当班时间处理私事者做警告处分。

3. 上班时在店铺聊天、嬉戏或在集体组织学习、召开部门会议时开小会、吃东西、打瞌睡等不集中精神参加者做警告处分。

4. 工作时间精神不振、行为散漫的，口头警告，仍不改正者做警告处分。

5. 未经部门主管批准私自换班者做警告处分。

6. 在营业场所、办公室、仓库吸烟，在上班时听音乐、看报纸、干私活、打私人电话做警告处分。

7. 开门前2分钟未做好营业准备工作（如现场清理、备好零钞、打扫卫生、商品陈列、备好服务工具等）者做警告处分。

8. 吃饭排班时不服从主管安排，吃饭超时、误时者除做警告处分外，误时时间按迟到处理。

9. 两班交接时，随意提早离岗且未做好交接工作者做警告处分。

10. 未及时上缴单据，或发生丢单、错单、漏单者，除按财务单据管理规定扣款处罚外，做警告处分。

综合练习

一、判断题

1. 绩效考核是对取得的工作业绩进行评估。　　（　　）

2. 绩效考核的目的是运用评估的结果对员工将来的工作行为和工作业绩产生正面引导。　　（　　）

3．绩效考核的结果一定要与奖金分配挂钩。（ ）

4．绩效考核的最终目的并不是单纯地进行利益分配，而是促进企业与员工共同成长。（ ）

5．绩效考核可以帮助员工建立不断自我激励的心理模式。（ ）

二、问答题

1．绩效考核的类型有哪些？

2．考核面谈要做到哪几点？

三、实训题

请同学上网查询店铺绩效考核的具体指标，写一篇内容为“店铺绩效考核指标总结”的文章，并与全班交流。